RALF HOPPE

DIE FRAU, DIE NICHT WOLLTE, DASS EIN LEOPARD SIE VERSPEIST

33 wahre Storys über Mut

INHALT

Die Frau, die nicht wollte, dass ein
Leopard sie verspeist – Vorwort........................7

Ein Fall für Papa......................................11

Der perfekte Experte 16

Oder gefressen werden............................. 21

Kopfschuss..26

Gestatten, Scheich Volker 30

Die Perle..46

Die Freiheitsstrafe................................... 51

Der Pi-Mann..56

Sarg nach Singapur................................. 61

Der Detektiv Gottes 65

Einer für alle 70

Im Urknall.. 75

Die Mohammedwerdung...........................80

Das gierige Gehirn 84

Fünf Tage, fünf Nächte	102
Stofftiere	107
Kreuzbergs Wotan	111
Das nackte Beben	116
Streit	121
Oops	126
Mehr oder weniger	131
Beweisstück 18-28052011	136
Der Zahlenflüsterer	140
Die heilige Lehrerin	145
Das fehlende Glied	150
Spuck's aus	155
Ein ganzer Kerl	160
Kalender-Mütter	164
Jyoti, weiblich, 62,8 Zentimeter	169
Der Walkampf	184
Notrufe	189
Von Beruf Riese	193
E.T. und ich	198
Epilog oder, besser gesagt: eine Erinnerung	203

Die Frau, die nicht wollte, dass ein Leopard sie verspeist – Vorwort

Es klingt etwas bombastisch, aber so war es: Das Leben selbst schrieb diese Geschichten, es schrieb sie furchtlos und skrupellos und kraftvoll – und ich war nur der Nutznießer. Allerdings ein begeisterter Nutznießer. Ich lief und recherchierte dem Geschehenen hinterher, ich versuchte zu erkennen, was *wirklich* passiert war, sammelte wie besessen alle möglichen Details ein. Das war mein Job.

Ich war 20 Jahre lang Redakteur und Reporter beim Nachrichtenmagazin SPIEGEL, in dieser Zeit entstanden diese Storys. Wir hatten eine neue Rubrik aus der Taufe gehoben, sie hieß »Eine Meldung und ihre Geschichte«, und das Prinzip war schlicht, aber schön: Wir durchforsteten die Vermischtes-Teile der Zeitungen nach unglaublichen Meldungen, nach verrückten Dingen, die von den Presseagenturen zwar gemeldet, aber eher lieblos hingetuscht worden waren, und dann machten wir uns ans Werk. Wir recherchierten die *wahre* Geschichte, die Hintergründe, das Warum und Wie und Wieso, jene Kleinigkeiten, aus denen eine Erzählung wird. Die Meldung war wie das Kaninchenloch, durch das Alice ins Wunderland rutscht, hinein in eine Welt, in eine Story, die oft rührend und menschlich war, nicht selten komisch, manchmal auch schrecklich. Aber immer wahr.

Das ist das Schöne an diesen Storys: Sie sind wirklich passiert.

Alle diese Geschichten handeln von besonderen Menschen oder von ganz normalen Menschen in besonderen Situationen. Es sind sehr oft Menschen, die Mut aufbringen mussten, Mut bewiesen haben. Dafür danke ich vor allem den Protagonisten dieser Storys – für ihre Tapferkeit, ihren Mutterwitz, ihre Bereitschaft, mir ihr Leben zu erzählen. Hier und da, aber nur ausnahmsweise, wurden die Namen geändert, um Personen zu schützen.

Außerdem danke ich meiner Frau, die das grimmige Cover dieses Buches gestaltet hat; ich danke Dirk Rossmann für

Zuspruch und Hilfe bei der Auswahl, und ich ziehe dankbar meinen Hut vor den Leuten vom Edel-Verlag, vor allem vor Dr. Marten Brandt, der als Lektor wunderbares Stilgefühl und Sprachsicherheit einbrachte. Und Dank auch an meinen früheren Arbeitgeber, den *SPIEGEL*-Verlag, der es mir damals großzügig erlaubte, diese Storys aufwändig zu recherchieren – und der jetzt ebenso großzügig war, als es darum ging, die Texte zu veröffentlichen.

Aber am meisten, wie gesagt, danke ich den Protagonisten, die ich interviewen durfte. Es sind ihre Geschichten.

Ein Fall für Papa

Paris, Frankreich

Ein Kind fällt aus dem Himmel. Es ist der Himmel über Paris, über dem 20. Arrondissement, unweit der Metro-Station Porte de Vincennes. Der Himmel ist an diesem Tag grau und fahl, und der Körper dreht sich im Fallen, es ist ein kleiner Junge, an den Füßen blaue Stoppersocken, 17 Monate, öligschwarz die Haut, die Eltern stammen aus Zentralafrika, er hat auf dem Balkon gespielt, und dann ist er durch die Gitterstäbe geglitten.

Er fällt.

Die Eltern haben die Dachwohnung in der siebten Etage, hinter einer zerschrappten Holztür. Im Treppenhaus Geruch von Hirse und Knoblauch.

Der Name des Jungen: Idris S. Auf dem Balkon sitzt noch seine Schwester, vier Jahre alt. Die Eltern sind nicht zu Hause. Die Uhrzeit: etwa 16.35 Uhr.

Vom Balkon bis zum Asphalt sind es rund 20 Meter. Zwei Sekunden wird der Fall also dauern, etwa so lang, wie man braucht, diesen Satz zu lesen. Der Körper wird, unabhängig von seiner geringen Masse, eine konstante Beschleunigung erfahren, jener Formel gemäß, die auf Newton und seine Erkenntnisse zur Gravitation zurückgeht; sobald Idris auf dem Asphalt aufschlägt, wird er etwa 72,3 Stundenkilometer schnell sein und sterben, er braucht jetzt ein Wunder.

Es wird bald dunkel. Kaum ein Mensch ist draußen zu sehen, an diesem Feiertag, Allerheiligen. Das Haus, aus dem Idris fällt, steht an einem freien Platz, im Erdgeschoss ein Café, geschlossen. Im Fernsehen läuft *Terminator 2*, France 2 hat für später *Mein Vater, der Held* ins Programm gesetzt, mit Gérard Depardieu.

Drei Menschen werden gleich ins Leben von Idris treten: Raphaël, ein aufgeweckter Junge, siebenjährig, der gern *escargots* isst, Schnecken, und den Film mit Depardieu gern sehen würde; dann dessen Vater, Dr. Philippe Bensignor, ein freundlicher Herr, 58 Jahre alt, melancholisch; und drittens Monsieur Hacéne, geboren in Algerien,

Vater von vielen Kindern, Patron im Cours de Vincennes, Kneipe, Café, Tabakladen.

Vor dem *Cours de Vincennes*, dem Café, befindet sich ein Briefkasten. Davor stehen jetzt drei Personen, der Mann ist der melancholische Dr. Bensignor, er steht neben seiner Ex-Frau, Catherine, und steckt einen Stapel Briefe ein, Formulare für Krankenkassen, sein Sohn Raphaël zupft ihn am Hosenbein.

»Papa! Papaa! Da oben!«

Dr. Bensignor hat sich bei Catherine gerade nach dem Befinden seiner Ex-Schwiegermutter erkundigt, und während sie antwortet und er kaum zuhört, denkt er: Warum frag ich? Und warum zerrt Raphaël an mir rum?

Dr. Bensignor bekam nach der Scheidung das Sorgerecht zugesprochen. Raphaël ist wochentags bei ihm, Dr. Bensignor bringt ihn morgens zur Ganztagsschule, eilt dann in seine Praxis, er ist Arzt, abends holt er ihn ab, das Kochen ist ihr Zeremoniell, Raphaël liebt Schnecken, Dr. Bensignor liebt Raphaël. Die Wochenenden verbringt der Junge bei seiner Mutter. Soeben hat sie ihn zurückgebracht.

Dr. Bensignor weiß nicht, warum, aber seit ein paar Wochen ist er schwermütig. Vor Kurzem starb sein Onkel, immer öfter kommen ihm jetzt Zweifel am Sinn des Lebens, vielleicht ist es die Midlife-Crisis, sagt er. Er war nie sehr religiös, aber neulich lag er im Bett und konnte nicht einschlafen.

Wenn es dich gibt, Gott – dann gib mir ein Zeichen, dass das alles hier nicht sinnlos ist, *merci*.

Für Monsieur Hacéne hingegen, den Algerier, besteht die ganze Welt aus Zeichen – »alles ist Maktoub, Schicksal«. Vor zwei Jahren verkaufte er sein Taxi, kaufte ein Café, ließ eine schicke Markise anbringen, knallrot, jeden Abend wird sie eingefahren, damit sie geschont wird. Monsieur Hacéne wollte mit Menschen zu tun haben, sie bewirten, unterhalten, dem Leben Bedeutung verleihen.

Am Vorabend von Idris' Sturz ging Monsieur Hacéne früher heim. Er überließ es Gabié, seinem Angestellten, gegen 20 Uhr abzuschließen. Gabié rief ihn an. Die Markise lasse sich nicht zurückfahren. Was jetzt? Mechaniker? Nein, entschied Monsieur Hacéne, nicht nötig, bleibt sie eben ausgefahren, die Markise, das blöde Ding.

Das war *Maktoub*, sagt er heute, Schicksal.

Dr. Bensignor, vor dem Briefkasten, erblickte endlich, was Raphaël, der an ihm zerrte, längst gesehen hatte – ein Kind fiel aus dem Nichts. Er verfolgte die Bahn. Plötzlich ganz konzentriert. Idris fiel, fiel, prallte auf die rote Markise, auf den Stoff. Plopp! Der Stoff riss. Aber nur etwas. Der Körper hüpfte hoch. Wie von einem Trampolin. Fiel wieder. Dr. Bensignor hatte die Arme ausgestreckt. Sah nichts als die Flugbahn. Catherine neben ihm schrie, er hörte sie nicht, als wäre der Ton abgestellt, er machte einen Ausfallschritt, hatte es.

Das Kind lag in seinen Armen. Er sah es an, staunte, untersuchte es, alles okay. Irgendwann kam der Rettungswagen.

Noch am Abend ging Dr. Bensignor in die Église Saint-Gabriel, die nächste Kirche, wo er sich für das Zeichen bedankte, er ist übrigens nicht mehr melancholisch seit jenem

Nachmittag. Idris geht es blendend. Seine Eltern allerdings haben ein Verfahren am Hals. Monsieur Hacéne will sein Café umbenennen, in »Café des Wunders«. Raphaël verpasste in all der Aufregung den Depardieu-Film, aber das war egal.

Der perfekte Experte

London, England
Beifall rauscht, Gelächter, Jubel, sie erkennen ihn, sein Foto war ja in allen Zeitungen, *talk of the town*, schrägste Story Londons, und winkend stapft er bis zu der roten Bühnenmarkierung, genau wie der Regisseur es ihm erklärt hat, blinzelt in die Scheinwerfer, grient, ein schwerer schwarzer Mann, Schweißtröpfchen auf der stumpfen Nase, zwischen den Schneidezähnen eine Lücke.

Wenn seine Eltern ihn jetzt sehen könnten. Guy, we love you, rufen sie. In den vorderen Stuhlreihen sitzen hübsche Mädchen. Er wirft eine Kusshand, rum-bum-bum-bum, jetzt trampeln sie sogar mit den Füßen, kreischen.

Guy, we love you! Rum-bum-bum-bum.

Gestern noch ein Arbeitsloser und jetzt der Eröffnungsauftritt in *Friday Night*, der beliebtesten Fernsehshow. Sie lieben ihn, ein Star ist er, Guy Goma, 36 Jahre alt, aus Brazzaville im Kongo, doch wie es dazu kam?

Er hat keine Ahnung.

Der Aufstieg des Guy Goma beginnt elf Tage zuvor, am 8. Mai, um 10.27 Uhr, im Erdgeschoss eines gläsernen Turmes, im Westen von London, im Foyer der BBC. Guy hat sich als Buchhalter beworben. Er trägt sein bestes Hemd, hellblau, das graue Sakko hat er reinigen lassen. Er hat dem Pförtner seinen Namen genannt, Zettel ausgefüllt, jetzt wartet er.

Hier ist viel los, Guy staunt. Ständig schlägt die Schwingtür, schöne Frauen klackern durchs Foyer, eilige Männer mit Plastikausweisen um den Hals, Regisseure, Schauspieler – und übrigens steht zur selben Zeit ein unauffälliger Mann an der Rezeption, rotblonder Bart, der ebenfalls Guy heißt, Guy Kewney, Fachmann für Rechtsfragen im Internet. Es gab ein Gerichtsurteil an diesem Morgen, ein Streit in der Computer- und Musikindustrie; eine recht öde Sache, aber ein Thema fürs BBC-Frühstücksfernsehen, und Guy mit dem Bart ist jedenfalls als Experte geladen.

Um 10.28 Uhr kommt ein junger, atemloser Typ und fragt nach »Guy«.

Das bin ich, sagt Guy Goma, der Guy ohne Bart.

Okay! Cool! Der junge Mann redet sehr schnell. Hey, toll. Nett, Sie kennenzulernen, bitte mitkommen – der Typ verfällt in den Laufschritt. Es geht um Sekunden, okay?

Um Sekunden? Die Bewerbung liegt doch Monate zurück, aber Guy ist kein Spielverderber, er rennt mit. Mal ehrlich, die Briten sind doch alle irre.

Ein Fahrstuhl, ein Flur, ein kleiner Raum. Schnell pudern, sagt der junge Mann.

Pudern? Damit du nicht glänzt, Süßer, die Maskenbildnerin hat eine rauchige Stimme und ein Schminktäschchen am Gürtel und wutscht mit dem Pinsel über sein Gesicht.

Nicht glänzt?

Okay, und das Mikro stecke ich ans Revers, rasch bitte, okay? Der junge Mann fummelt an ihm, schon sitzt Guy im Sessel, schon stellt ihn eine blonde Karen Sowieso vor als Herausgeber der Technology-Website *Newswireless*.

Wie? Moment. Guy erschrickt. Er zuckt, lächelt verzerrt. Seine Augenlider flattern. Er möchte was klarstellen, hier liegt ein Irrtum vor, aber anscheinend sind sie schon auf Sendung.

»Hallo und guten Morgen!«

Kamera. Auf ihn gerichtet. Rotes Licht. Blonde Frau starrt ihn an.

»Hat dieses heutige Urteil Sie erstaunt?«

Guy ist erstaunt, und wie. Aber er antwortet – er antwortet ausweichend, nichtssagend und irgendwie tapfer.

Die Moderatorin reagiert, als hätte sie gerade die faszinierendste Antwort der Welt bekommen. Nächste Frage: »Werden, mit Blick auf die Kosten, Ihrer Meinung nach mehr Leute online downloaden?«

Blick auf die Kosten? Welche Kosten? Welche Leute?

Äh, hm, eigentlich, antwortet Guy, sieht man doch überall Leute, die irgendwas aus dem Internet downloaden. Aber ich denke, äh ... Es ist besser für die Entwicklung und, äh ... Und um Leute zu informieren, was sie wollen, und damit sie schneller kriegen, was sie wollen ...

Guy wird von Antwort zu Antwort sicherer. Nächste Frage: »Es scheint, die Musikindustrie macht Fortschritte, weil immer mehr Leute downloaden?«

Guy will gerade ansetzen, jetzt allerdings erfährt Karen, dass sie den Falschen erwischt haben. Der richtige Guy wartet noch im Foyer, und was er da auf den Fernsehern sieht, vor allem sein eingeblendeter Name, missfällt ihm. Im Studio sieht Karen plötzlich aus, als hätte sie was Verfaultes im Mund. »Vielen Dank, wir schalten um.«

An den Rest kann sich Guy kaum erinnern. Derselbe junge Typ, jetzt betreten, geleitet ihn ins Foyer. Nach einer halben Stunde holt man ihn wieder ab, diesmal zum Vorstellungsgespräch, leider herrscht in seinem Kopf nur Leere.

Es dauerte acht Tage, bis ihn die Rechercheure der *Sun* fanden. Guy erzählte ihnen treulich seine Geschichte, erzählte sie auch der *Daily Mail*, dem *Daily Telegraph*, den Radio- und Fernsehleuten von GMTV, ITN, Channel 4, CNN, Capital Radio, den Teams aus Japan und Neuseeland, er war der perfekte Experte, der ein für alle Mal bewies, worum es im Fernsehen geht: Jemand fragt, jemand antwortet, das reicht. Jeder kann sich zu jedem Thema äußern, wir sind alle Experten. Die Krönung für Guy war die Einladung zu *Friday Night*. Das Honorar betrug 100 Pfund.

Und so steht er jetzt auf der Bühne von Studio vier und wirft Kusshände und genießt den Applaus, genau 30 Sekunden lang. Guy, we love you. Sein Auftritt als Experte hatte allerdings 48 Sekunden länger gedauert. Vielleicht ist dies der Anfang des Vergessenwerdens.

Oder gefressen werden

Kiroda, Indien

Am 24. August, gegen halb zehn morgens, ging Kamla Devi zu ihrem bevorzugten Waschplatz am Koti-Fluss. Sie wollte später noch auf dem Feld arbeiten, also trug sie neben ihrem Wäschekorb eine Tasche, in der sie Schaufel und Sichel verstaut hatte.

Sie hatte den Sari und die Hemden gerade eingeweicht, als sie links hinter sich eine Bewegung wahrnahm, ein tiefes Knurren hörte.

Sie wusste, was das zu bedeuten hatte.

Kamla Devi wurde hier geboren, wuchs hier auf – im Bergdorf Kiroda im Bezirk Rudraprayag, Nordindien, am südlichen Saum des Himalaja. Etwa 200 Familien wohnen im Dorf, die meisten leben von dem, was ihre Felder hergeben. Die Wildnis beginnt dahinter, der Wald, Heimat des Schwarzbären, der Wolfsschlange, des Rhesusaffen – und Jagdrevier des *Guldar*, des Getüpfelten, wie die Leute ihn hier nennen, *Panthera pardus*, den Leoparden. Körperlänge: bis zu 195 Zentimetern. Länge der Krallen: etwa sechs Zentimeter.

Kamla Devi fuhr herum. Der Leopard war etwa drei Meter von ihr entfernt, er presste sich an die Erde, fixierte sie. Der Schweif zuckte, schlug, daran erinnert sie sich. Das Tier kroch näher, noch näher, kroch ganz langsam auf sie zu, bereit, sofort zu springen, seine geballte Kraft zu entladen. Kamla Devi ließ das Tier nicht aus den Augen, tastete vorsichtig nach ihrer Umhängetasche, die am Ufer lag.

In ihrer Jugend, erzählen Nachbarn, sei Kamla ein lustiges Mädchen gewesen, das gern lachte, sogar Vogelstimmen nachmachen konnte. Sie heiratete früh, ihr Mann war wesentlich älter als sie, er starb vor beinahe 30 Jahren; sie war damals erst Mitte 20. Sie hatten nur ein Kind, einen Sohn, Dinesh Singh, der inzwischen in der Stadt lebt.

Kamla durfte weiterhin in dem Haus, das ihrem Mann und seinen sechs Brüdern gehört hatte, wohnen, sie konnte dort Dinesh aufziehen. Nur ihren Unterhalt musste sie selbst verdienen. Sie bekam als Erbe drei *Gunta* Land, etwa 300 Quadratmeter, darauf baut sie Kartoffeln, Bohnen, Weizen an; und sie hat zwei Milchkühe, deren Milch sie verkauft oder zu Joghurt und Käse verarbeitet. Die Kühe brauchen viel Futter: Kamla Devi verlässt darum nie ihr Haus ohne ihre Sichel, ohne ein Seil – überall schneidet sie Gras und Grünzeug und trägt es, zu Büscheln gebunden, heim.

Leoparden lauern entweder ihrer Beute auf, von einem Versteck aus, oder sie pirschen sich von hinten an. Im Vergleich zu einem Reh oder Hirsch, einem relativ häufigen Beutetier, sind Leoparden zwar auf den ersten zwei, drei Metern sehr schnell, aber schon auf mittlere Distanz unterlegen. Sie müssen vor ihrem Angriff also so nah wie möglich kommen – falls das Beutetier davonsprintet.

Was der Leopard nicht zu wissen schien: dass Kamla Devi nur ein Mensch war, eine kleine, abgearbeitete Frau von 54 Jahren, und dass Kamla Devi gar nicht hätte davonsprinten können, beim besten Willen nicht. Dass sie gezwungen war zu kämpfen.

Inzwischen hielt sie Sichel und Schaufel gepackt. Keine Sekunde zu früh. Der Leopard sprang.

Er sprang, er flog auf sie zu, die vorderen Tatzen gestreckt, die Krallen ausgefahren. Kamla Devi schlug zu, mit beiden Händen, das Sichelblatt sauste durch die Luft. Sie traf eine der vorderen Tatzen. Wütendes Fauchen. Sie fiel nach hinten, rappelte sich schnell wieder auf, der Leopard war vor ihr gelandet, sie blutete, aber das Tier hatte den Biss in ihren Hals, der tödlich hätte sein können, nicht anbringen können.

Kamla Devi hat ein hartes Leben hinter sich. Sie habe in letzter Zeit müde gewirkt, erzählen Nachbarn, sagen Freunde, vielleicht habe sie das Alter gespürt, das Nahen des Todes, um im Sterben ihre Seele, das *Atman*, an den Schöpfer Brahma zurückzugeben, um, wie die Hindus glauben, in anderer Gestalt wiedergeboren zu werden.

Doch im Angesicht des Leoparden entbrannte in ihr ein starker Lebenswille, so erzählt sie es. Als ob das Leben selbst sich wehren würde, vor die Wahl gestellt: kämpfen oder gefressen werden. Sie wollte nicht Futter sein.

So entbrannte am Waschplatz ein Kampf, ruppig, tödlich, ein Kampf, den man sich, auch nach Schilderungen von Kamla Devi, die sich genau erinnert, nur in Umrissen vorstellen kann.

Der Leopard umkreiste sie. Wartete auf seine Chance, startete immer wieder Angriffe, Scheinangriffe oder echte Attacken, vor allem auf Gesicht und Kopf, Tatzenschläge, mit einer oder beiden Tatzen, Schläge, die Kamla abwehrte, mit Sichel und Schaufel. Blut lief ihr in die Augen. Die Tatzenschläge trafen sie auf Arme und Hände, wie Stockhiebe, brachen ihr die Finger, die Unterarme, rissen ihr die Haut ab. Aber sie traf den Leoparden ebenfalls, sie zielte mit der Sichel vor allem auf die Augen, traf das Maul, den Schädel, traf die Vorderläufe. Minute um Minute.

Kamla Devi: eine kleine, magere, früh gealterte, tapfere Bäuerin.

Der Kampf dauerte etwa eine halbe Stunde. Irgendwann ließ das Tier von ihr ab. Beide waren schwer verletzt, kraftlos. Dorfbewohner fanden den Leoparden noch am selben Tag unweit des Waschplatzes tot auf einem Felsen, wahrscheinlich hatte Kamla Devi eine Arterie getroffen, wahrscheinlich war das Tier verblutet. Kamla Devi schleppte sich ins Dorf, man brachte sie ins Srinagar Medical College. Ihre Hände und Arme wurden gegipst, ihre Kopfhaut mit 50 Stichen von Dr. Panshul Jugran genäht.

Man feierte sie als Heldin. Von der Regierung wurden ihr 5000 Rupien versprochen, 64 Euro. Sie wartet noch auf das Geld, aber das sei nicht wichtig, erzählt sie. Und was ist wichtig? »Dass ich lebe«, sagt sie. »Dass ich lebe, das ist gut«, sagt sie.

Kopfschuss

New York City, Vereinigte Staaten von Amerika
Der Mann im blauen Hemd sitzt in einer der hinteren Reihen im »Woods Room«, dem etwas kleineren der beiden Auktionssäle bei Christie's in New York, der Saal ist voll, etwa 300 Leute.

Der Mann im blauen Hemd hält immer wieder eine Kelle in die Luft, die man ihm an der Garderobe ausgehändigt hat, mit der Zahl 440 darauf, seiner Bieternummer. Und obwohl die Gebote schon bei über 60 000 Dollar liegen und obwohl der Preis sich im Sekundentakt in 2000-Dollar-Schritten nach oben schraubt, 64 000, 66 000 sind es inzwischen, lässt sich der Mann nicht abhängen, es hat ihn gepackt, er hatte über dieses Bild in der Zeitung gelesen; er muss es haben.

Der Mann heißt Amed Khan. Seine Familie stammt aus Kaschmir, er selbst ist in den USA geboren, 39 Jahre alt, dunkler Teint, leiser Auftritt. Mit moderner Kunst konnte er nie etwas anfangen. Er hat ein paar Antiquitäten zu Hause, mehr nicht. Khan ist Investmentbanker, ein Geldmensch, Zahlen, Geldanlagen sind seine Welt. Er hatte sich auch ein Limit gesetzt, bevor er zur Auktion gegangen war, bei 80 000 wollte er aussteigen. Aber die sind jetzt schon erreicht, und Khan bietet weiter, 86 000, 88 000, es ist wie ein Rausch.

Das Bild, um das es geht, trägt die Aufrufnummer 37, Künstler ist Andy Warhol, Siebdruck, 914 mal 914 Millimeter, so steht es im Katalog. Doch eigentlich will Amed Khan, Kind von Einwanderern, viel mehr als ein Bild, er will eine Story, ein Stück amerikanische Geschichte kaufen.

Als Andy Warhol im Jahr 1972 Mao Zedong porträtierte, waren beide auf dem Höhepunkt ihrer Karriere: der klatschverliebte Pop-Guru aus Manhattan, der all die Filmstars kannte, und der rote Kaiser, vergöttert, schweigsam, grausam. Mao hatte seine »Proletarische Kulturrevolution« ausgerufen, eine Terrorkampagne, bei der Millionen Menschen ihr Leben ließen, Abermillionen denunziert, gedemütigt, gefoltert wurden. Aus diesem Mann machte Warhol einen Posterboy des ideologischen Terrors.

Man kann getrost davon ausgehen, dass Andy Warhol sich keine Sekunde lang für Maos Grausamkeiten interessierte. Der Chinese war für ihn ein Star, und ein Star war eine Marke, wie die Cola-Flasche, wie Campbell's Dosensuppe. Warhol färbte Mao blaugrün ein, damit war Mao ein Stück Pop-Art, amerikanisiert, einer mehr in Andys Promi-Zoo. 2000 Maos ließ Warhol drucken. Und ein Exemplar landete im Besitz des Schauspielers Dennis Hopper, der mit Warhol befreundet war.

Hopper hatte zuvor einen Sensationserfolg gefeiert, mit *Easy Rider*, aber mit dem nächsten Film ein Fiasko erlebt. In Hollywood stand er auf der schwarzen Liste, er galt als einer, der nervt und mit seinen Launen Geld kostet. Hopper bekam nur noch kleine Rollen und machte sich daran, alles an Drogen zu konsumieren, was ihm in die Hände fiel. Wenn er mal in einem Film auftauchte, mit Vorliebe spielte er Paranoiker und Sadisten, dann war er erschreckend gut. Privat baute er ein paar Kunstsammlungen auf, nach jeder Scheidung eine neue, auf den Trümmern der alten.

An seinem Mao-Bild muss ihn aber irgendwann irgendetwas gestört haben. Eines Nachts griff sich Hopper eine Knarre und verpasste dem Mann an der Wand zwei Kugeln – vielleicht weil er das rätselhafte Siegerlächeln Maos nicht mehr sehen konnte, vielleicht war es auch einfach ein Attentat auf den großen Bösen, verübt von einem, der das Böse immer nur darstellen durfte.

Genau genommen hatte Hopper das Bild kaputt gemacht. Aber viel wertvoller als ein unversehrter Siebdruck ist ein Siebdruck mit einer Story, vor allem in einem Kunstmarkt, der von Hypes und Sensationen lebt. Niemand begriff das besser als Warhol.

Warhol besuchte damals seinen Freund Hopper, inspizierte die Einschüsse, beschriftete sie (»bullet hole« und »warning shot«) und brachte Hopper dazu, das gemeinschaftliche Werk gemeinsam zu signieren. Damit sei das Bild ein Unikat und im Preis gestiegen, soll Warhol erklärt haben, jetzt war es kein Bild mit Löchern mehr, sondern zwei bedeutsame Löcher mit einem Bild drum herum. Fast vier Jahrzehnte hindurch blieb Mao, lädiert, signiert, lächelnd, in Hoppers Haus. Bis zu dessen Tod.

Und bis zu jenem Vormittag im »Woods Room« bei Christie's, als Amed Khan die Aufrufnummer 37 für 302 500 Dollar ersteigert hatte, für das Zehnfache des von Christie's geschätzten Verkaufspreises. Er hat jetzt ein dekoratives Bild, das sich in seinem Esszimmer oder Wohnzimmer gut machen dürfte, vor allem aber hat er eine großartige Geschichte an der Wand hängen.

Das Ganze, Khan inklusive, ist eine amerikanische Geschichte, am Ende gibt es ein Happy End und einen Preis. Der Aufpreis für zwei Löcher beträgt 270 000 Dollar, 135 000 pro Loch. Warhol wäre zufrieden, Hopper würde irre grinsen, Mao geheimnisvoll lächeln.

Gestatten, Scheich Volker

Europa

Als die Schuhfachverkäuferin Susanne Meyer den ehemaligen Hilfsarbeiter Volker Eckel kennenlernte, da ahnte sie nichts von jenem Nummernkonto in der Schweiz. Sie wusste auch nichts von der Geschichte mit den 700 Milliarden Dollar, als sie ihn später auf dem Standesamt von Schramberg im Schwarzwald heiratete. Sie sah in ihm, so sagt sie es heute, einfach nur einen warmherzigen Mann, der »perfekt zu mir passte, wie vom Himmel gefallen«. Die Sache mit dem Mord kam erst später heraus, auch das Königshaus von Saudi-Arabien spielte damals noch keine Rolle in ihrem Leben.

Susanne Meyer sehnte sich nach einem Neuanfang. Sie hatte ihren Mann verloren, durch einen Herzinfarkt, sie war Anfang 40, hatte zwei Kinder aus ihrer ersten Ehe, Nancy und Thorsten. »Mich gibt es nur im Dreierpack«, sagte sie damals zu ihm, als er sich nach ihrer Anzeige auf der Internetseite quick-markt.de gemeldet hatte, die sie bevorzugte, weil sie umsonst war. »Die Kleinen sind ein Teil von dir, ich liebe sie«, habe Volker ihr damals geantwortet.

Nun, drei Jahre später, sitzt Susanne Eckel auf einem Besucherstuhl in der mit Stahltüren gesicherten Wartezone der Justizvollzugsanstalt Freiburg im Breisgau. Es ist Mittagszeit, kurz vor eins. Gleich wird Susanne Eckel für zwei Stunden ihren Ehemann treffen, einen Mann, der der Welt Rätsel aufgibt, bis zum heutigen Tag, seinen Opfern, den Staatsanwälten, den Gefängnisdirektoren.

Im Gerichtssaal, während des Prozesses, hatte sie erfahren, dass Eckel mit einem Märchen durch die Schweiz gezogen war. Und was für ein Märchen!

Volker Eckels Mutter war angeblich Prinzessin Lolowah, der irakische Diktator Saddam Hussein war Eckels Vater. Fünf von sechs Prozesstagen hielt sie durch, dann wendete sie sich ab von Eckels Traumwelt. Sie hatte einen ihr fremden Mann vom Zuschauerraum des Gerichtssaals aus beobachtet, einen charmanten Verführer. Eckel hatte in der Schweiz Geschäftsleute und einfache Bürger um ihr Geld gebracht. Sie fielen auf ihn herein, auf Seine Königliche Hoheit Scheich Muhammed al-Gargawi.

Der Prozess fand vor dem Landgericht Rottweil statt; Eckel war in Deutschland verhaftet worden, die Schweizer Behörden überließen den Fall den deutschen Kollegen. Eckel wurde zu dreieinhalb Jahren Freiheitsstrafe verurteilt. Inzwischen hat man ihn nach Freiburg verlegt.

Dort hat Susanne Eckel ihre Handtasche, ihr Handy, ihr Portemonnaie, das Kinderspielzeug und den Buggy in einem Schließfach der Anstalt verstaut, einen Metalldetektor passiert, sich nach Waffen durchsuchen lassen. Sie sind zu viert: Susanne Eckel, Nancy, Emma, die sie von Volker Eckel hat, außerdem die acht Monate alte Feila. Susanne Eckel war mit ihr gerade schwanger geworden, als man ihren Mann, den falschen Scheich, verhaftete.

Es ist ein Uhr mittags. Surrend klickt jetzt die Stahltür auf, die Besucher können hindurchgehen, sie betreten den eigentlichen Besucherraum. Sieben Tische. Drei Süßigkeiten- und Getränkeautomaten. Die Fenster sind vergittert. Eine verspiegelte Scheibe.

Volker Eckel wartet an einem der Tische, er strahlt, er zieht seine Kinder zu sich. Er küsst sie. Er lächelt seine Frau an. Er springt auf und holt Limonade für alle. Ein fleischiger Mann, groß, bleich, das Haar zu Stoppeln rasiert. Trainingsanzug, eine Nickelbrille. Man könnte ihn auf den ersten Blick für einen Lehrer halten, Sport und Erdkunde, aber das kann täuschen, wie so vieles im Leben des Volker Eckel.

*

Die Geschichte der Täuschungen, zumindest das letzte Kapitel, setzt an im Juni des Jahres 2008. Eckel hält sich in Zürich auf. Im Raum Stuttgart hat er sich in den zurückliegenden Jahren an verschiedenen Betrügereien versucht, Scheckkartenmissbrauch, vorgebliche Immobilienkäufe, Urkundenfälschung, gelegentlich hat er sich als Dr. med. ausgegeben. Hier und da ist er aufgeflogen, zur Fahndung ausgeschrieben.

In der Schweiz fühlt Eckel sich sicher. Vor allem ist er hingerissen von Zürich, dieser Banken- und Geldstadt. Eckel marschiert die glitzernde Bahnhofsstraße auf und ab, die, gesäumt von Boutiquen, zum See führt. Er steht vor dem Fünf-Sterne-Superior-Hotel Baur au Lac, erinnert er sich, und er glaubt, das Geld, das in dieser Stadt alles durchdringt, durchpulst, fast fühlen zu können.

Diese Stadt will er erobern.

Er lässt sich teure Wohnungen zeigen, spielt den Interessierten, den Hochmütigen – aber das führt zu nichts. Wenn er Zürich erobern will, begreift er, muss er schon vorher jemand sein. Er muss sich verwandeln, wieder mal. Reich sein, Scheich sein, der Reim gefällt ihm irgendwie. Bei einer dieser Wohnungsbesichtigungen läuft ihm ein Immobilienmakler über den Weg, ein Mann namens Bührli (Name geändert), er stammt aus der Ostschweiz, aus dem Kanton Thurgau, und ist geschäftlich in Zürich. Auf so einen Mann, gierig und naiv, hat Eckel nur gewartet.

Man kommt ins Gespräch. Es sind anfangs nur Andeutungen, die Eckel macht: Er sei in Zürich inkognito. Er telefoniere später mit einem Halbbruder. Ja, mit seinem Halbbruder, der dem Ministerrat vorsitze. Wo? In Dubai. Ach so, der Halbbruder und er benötigten übrigens zwei bis drei Villen, bitte schnell, *inschallah!*

Die arabische Formel, so viel bedeutend wie »so Gott will«, benutzt Eckel gern und im Sinne von »He, geht's nicht schneller?!«. Und tatsächlich hat der Makler es plötzlich sehr eilig, diesen Fremden für sich zu gewinnen. Reich sein, reich scheinen – es funktioniert.

Unter einem Vorwand lädt Bührli Eckel in den Thurgau ein.

Der Thurgau, die Ostschweiz, sei nur auf den ersten Blick Provinz. Tatsächlich gebe es hier sehr gute Investitionsangebote. Eckel tut so, als ließe er, zerstreuter Monarch aus dem Orient, sich alles nur so eben gefallen. Hauptsache, es geht schnell!

Weil Eckel über den Orient nichts weiß, muss er improvisieren. Das allerdings kann er, kann es von Kindheit an.

*

Volker Eckel wird am 8. Oktober 1965 geboren, in Tamm bei Stuttgart. Er ist das jüngste von fünf Kindern, der Vater ist Bauklempner, die Mutter Hausfrau. Als Volker elf Jahre alt ist, erleidet der Vater einen berufsbedingten Säureunfall und verliert nahezu sein Augenlicht. Die Mutter muss die Familie ernähren.

Volker Eckel erlebt sich keinen Augenblick als das geliebte Nesthäkchen. Geld ist bei den Eckels so knapp wie Zuneigung. Er verlässt die Sonderschule ohne Abschluss, jobbt als Hilfsarbeiter. Er ist 19 Jahre alt, als er endlich einen Ausweg entdeckt: sich zu verwandeln.

In der Nähe seines Heimatorts Tamm ist ein Mord begangen worden, Eckel hat davon in der Zeitung gelesen. Er geht zur Polizei und bezichtigt sich der Tat. Eckel wird festgenommen, monatelang verhört, und er genießt diese kostbare Aufmerksamkeit, die man ihm schenkt.

Er ist bedeutend, als potenzieller Mörder. Es sei ein wunderbares Gefühl gewesen, sagt er.

Knapp ein Jahr seines Lebens verbringt Eckel in Untersuchungshaft, bis sich seine Unschuld erweist. Er darf oder muss das Gefängnis verlassen. Aber nach dieser Macht, über das Leben anderer zu richten, wird sich Volker Eckel von nun an sehnen. Er ist kein Mörder, wird es auch nie sein, dafür ist er zu friedfertig. Also wird er Hochstapler, Lügner.

In den folgenden Jahren wird Eckel sein Gespür für die Sehnsüchte anderer Menschen verfeinern, so wie man ein musikalisches Talent ausarbeitet. Sehnsüchte sind das Material für Eckel – als sei es seine Bestimmung, Menschen auszunutzen, ihr tiefes Bedürfnis, an etwas zu glauben, zu vertrauen.

Im November 2008, auf der nächtlichen Autofahrt von Zürich Richtung Osten, in den Thurgau, lässt sich Eckel von dem Makler Bührli scheinbar aushorchen, tatsächlich erweckt Eckel dessen Gier.

Der Makler erfährt, dass »Volker Eckel« nicht der wahre Name dieses Mannes sei, es handle sich vielmehr um einen arabischen König, der in der Schweiz gigantische Investitionen tätigen wolle – Einkaufszentren, Fußballstadien, Wohnanlagen.

Geld sei vorhanden, erfährt der Makler, es komme aus Dubai, Riad, Arabien. Für Bührli wird während dieser Autofahrt ein Märchen wahr, offenbar sitzt neben ihm der Abgesandte einer bisher unerreichbaren Welt.

Da es in dem Städtchen Müllheim keine Fünf-Sterne-Hotels gibt, quartiert der Makler den kostbaren Kunden bei sich zu Hause ein. Die Familie des Maklers, anfangs verblüfft, wird auf strikte Freundlichkeit eingeschworen, eine Gastfreundschaft, die Eckel jedoch geschickt strapaziert.

Mit sicherem Instinkt weiß er, wie er sich benehmen muss, ungnädig, zerstreut, kurzum: königlich.

Eckel war nie ein Verstandesbetrüger. Für ihn war immer alles Gegenwart, Improvisation, er log stets aus dem Moment heraus. Er fürchtete deshalb auch nie, dass sein Plan irgendwann platzen könnte, denn es gab gar keinen Plan.

Alles, was Eckel wollte, war dieses Gefühl: bedeutend zu sein, mächtig. Selten bereitete er sich vor, lieber improvisierte er, spielte, verlangte mal dies, wollte mal jenes, schließlich hat ein König ein Recht auf Reizbarkeit. Eckel machte sich nicht mal die Mühe, etwas Arabisch zu lernen oder sich den Unterschied zwischen Saudi-Arabien und Dubai einzuprägen. Aber diese Schwäche geriet ihm zur Stärke. Gerade weil er so undurchdacht agierte, fiel es seinen Opfern schwer, ihn zu durchschauen.

*

Im Besucherraum der JVA Freiburg berichtet Eckel seiner Frau Susanne, dass er Geld brauche. Er habe sich versehentlich auf seine Brille gesetzt, die neue Brille koste 120 Euro.

Das Geld müsse Susanne Eckel dem Optiker R. in Freiburg überweisen. Sie zuckt zusammen, 120 Euro sind grässlich viel Geld. Aber sie fängt sich schnell. Sie wird den Optiker anrufen, vielleicht kann sie die Schulden in 20-Euro-Raten abstottern.

Aus ihrem Lohn als Verkäuferin hatte Susanne Eckel, bevor sie ihren jetzigen Mann traf, etwa 9500 Euro gespart, für schlechte Zeiten. Dieses Geld schmolz nach Eckels Festnahme und Verurteilung dahin. Am meisten kosteten die Anwälte, Eckel war anspruchsvoll. Susanne Eckel lebt jetzt von Hartz IV, mit diversen Zuschlägen hat sie 778 Euro im Monat, zum Verzweifeln wenig. Damit versorgt Susanne Eckel vier Kinder, zwei aus erster Ehe, zwei, die sie von Eckel hat, sie unterhält einen zwölf Jahre alten Peugeot 407, schickt ihrem Mann Briefmarken, damit er ihr täglich schreiben kann. Sie sagt, dass sie ihn noch immer liebe. Aber wird er sich ändern? Er beteuert es.

*

Damals, in der Schweiz, vor vier Jahren, sammelte Eckel ein Team um sich, und der Makler half ihm dabei. Sie casteten Geschäftsleute, Treuhänder, Juristen, gestandene Leute. Er wolle, erklärte Eckel geheimnistuerisch, hier eine Niederlassung der Dubai Holding gründen. Für Details sei es noch zu früh, höchste Verschwiegenheitsstufe sei Pflicht.

Übrigens sei er König.

Seine angebliche Mutter, Prinzessin Lolowah, hat Eckel im Netz entdeckt, sein Beitrag besteht darin, ihr die Affäre mit Saddam Hussein anzudichten und sich als Sohn zu erfinden. Als Junge habe er mit den Saddam-Söhnen im Palast Fußball gespielt, schwadronierte er. Natürlich hätten sie als Kinder auch echte Waffen gehabt, schließlich war man bei Hofe. Und wer sich darüber wundere, beweise nur, dass er vom Hofleben nichts verstehe.

Plötzlich eine Palastintrige, Gift. Sein Leben sei in Gefahr gewesen. Die Mutter habe ihn vorsichtshalber nach Deutschland gebracht und bei einer Adoptivfamilie aufwachsen lassen, rund um die Uhr überwacht von Geheimdienstleuten, die man aber kaum bemerkt habe. Nur ab und zu ein Mann mit Hut in einer Eisdiele, das Funkgerät in einer zusammengerollten Zeitschrift versteckt.

Eckels Stab besteht Ende 2008 aus einem knappen Dutzend Leuten. Da ist der Versicherungsmakler Straub, der seine Firma aufgibt, um 24 Stunden für den Scheich da zu sein. Da ist Sandra Huggel, Zweite Bürgermeisterin einer Kleinstadt, die sich als Privatsekretärin anheuern lässt. Da ist der Bauunternehmer Abegglen, der Chauffeur wird. Der Treuhänder Conrad, der die Behördengänge erledigt.

Diese Männer und Frauen sind keine Idioten, sondern kluge, gestandene, zum Teil studierte Leute – dennoch benehmen sie sich idiotisch, sie verlieren ihren gesunden Menschenverstand, als hätten sie ihr Urteilsvermögen an der Garderobe abgegeben.

Einige von ihnen haben, unter Wahrung der Anonymität, mit dem *SPIEGEL* gesprochen. Zum Teil, sagen sie, habe sie die Geldgier getrieben. Aber nicht nur. Eckel schüttet ein Märchen über sie aus – in dem kreuzbraven Leben, das sie führen, gibt es eine unerfüllte Sehnsucht, und Eckel spielt meisterhaft damit. So geraten sie in seinen Sog. Und irgendwann wollen, können sie ihren Traum nicht mehr loslassen.

Eckel ist der Briefkopf einer Schweizer Privatbank in die Hände gefallen, den er per Scan und Photoshop in eine Kontobestätigung verwandelt: 700 Milliarden Dollar seien angekommen, jederzeit abholbar, mit freundlichen Grüßen. Diese Bestätigung zückt er öfter mal, und wer immer das Papier mit der magischen Zahl, den elf Nullen, erblickt, der erschaudert.

Später lässt Eckel sich zu einem Notar chauffieren und gibt dort eine eidesstattliche Erklärung ab. Er erkläre die Bereitschaft, das Amt des Staatsoberhaupts von Saudi-Arabien zu übernehmen, im Einvernehmen mit Stiefbruder Ali Hussein und Mutter Miriam. Niemandem fällt auf, dass Eckels Mutter plötzlich Miriam heißt, nicht mehr Lolowah. Das Ganze wird mit notariellem Stempel beurkundet, und Eckel hat ein Papier mehr, das er zücken kann.

Eckel billigt seiner Sekretärin ein hübsches Gehalt von 76 923 Schweizer Franken im Monat zu, erhöht aber bald, weil er recht zufrieden mit ihr ist, auf monatlich 324 615 Franken. Der Chauffeur kriegt 61 538,45 Franken als Monatslohn in den Vertrag geschrieben, bei den höheren Angestellten geht das Gehalt in die Millionen – wohlgemerkt: monatlich. Als Dienstfahrzeug wird ein BMW 750 vorgemerkt, dunkelblau.

Eckel bezieht Büroräume in dem Ort Frauenfeld. Damit seine Leute auf die Orient-Missionen vorbereitet sind, müssen sie Knigge-Kurse absolvieren. Ein marokkanischer Benimm-Coach wird engagiert, im Konferenzraum erklärt er vor der eifrigen Truppe, wie das so läuft mit Prinzen und

Scheichs. Eckel selbst nimmt an den Schulungen nicht teil, wozu auch? Er ist König.

Eckel schickt seine Leute zu Architekten, Bauunternehmern, Projektentwicklern, die Pläne in ihren Schubladen haben, Pläne für Wohnungen, Wellness-Anlagen, Einkaufszentren – denen aber noch der Investor fehlt. Ein Präsentationstermin wird vereinbart. Der geheimnisvolle Investor legt Wert darauf, höchstpersönlich zu kommen. Bei den ersten Terminen legt Eckel einen Kaftan an, ein weißes, knöchellanges Gewand, dazu ein Kopftuch, das von einem schwarzen Kopfring gehalten wird. Später wird er auf das Kostüm verzichten.

Eckel genießt vor allem das Spiel, das Hofiertwerden, den Auftritt. So lässt er sich bei diesen Anlässen in zerstreuter Herrscherlaune alle möglichen Projekte präsentieren, die mal 20 Millionen, mal 300 Millionen erfordern. Sodann erteilt er gnädig Zustimmung. Schließlich, meist tags darauf, schickt er einen seiner Untergebenen los, zu den Projektentwicklern, den Architekten, und die Botschaft ist stets dieselbe: Man erinnere an das Geschenk.

Bitte? Welches Geschenk?

Ja, ja, das sei arabische Sitte, heißt es, unumstößlich: Bevor der Scheich den Vertrag unterschreibe, verlange er ein Geschenk. Keinen Ferrari, kein Rennpferd, das besitze er alles schon, bloß einen symbolischen Geldbetrag wolle er. 10 000 Franken? Oder 200 000? Ohne Geschenk kein Geschäft.

Dies ist die Methode Eckel, sie funktioniert fast immer. Einige der Angesprochenen lehnen die arabische Erpressung zwar empört ab. Andere aber denken an den Auftrag und zahlen. Mal sind es 20 000 Schweizer Franken, mal 200 000, die hereinkommen, als Schenkung ordentlich verbucht.

So finanziert Eckel seine laufenden Ausgaben, etwa den Sex. Jeden Dienstag und Freitag beispielsweise, sobald die FKK-Nacht im Westside in Frauenfeld beginnt, einem Club für bedürftige Herren, lädt Eckel seinen Hofstaat dorthin ein, die Sekretärin darf an solchen Abenden früher nach Hause. Der Eintritt kostet 90 Franken. Man bekommt einen weißen Bademantel ausgehändigt, eine Chipkarte, auf der Liebesdienste und Alkoholika gebucht werden. Eckel hält sich an Coca-Cola, die im Eintrittspreis inbegriffen ist. Die anderen probieren aus, wie es sein wird, wenn man dekadent ist; einer aus der Entourage besteht darauf, Champagner aus einem Stöckelschuh zu trinken. Weil es sich jedoch um einen Sauna-Club handelt und die vorwiegend aus Osteuropa stammenden Prostituierten ihre Dienste barfuß oder in Badelatschen versehen, muss erst ein geeigneter Schuh beschafft werden.

Eckel zahlt für die Ausflüge; die versprochenen Monatsgehälter aber muss er schuldig bleiben. Mal sei das Geld aus Dubai noch nicht eingetroffen, mal will Eckel ein allerletztes Telefonat mit seinem Stiefbruder führen, so windet er sich Monat um Monat heraus.

Aber warum lassen seine Leute sich hinhalten? Die Betrogenen verstehen sich heute selbst nur noch halb. Eine eigentümliche Aufbruchsstimmung habe sie damals erfasst. Sie waren Eingeweihte, sie wussten von einem großen Plan. Und irgendwann wollte man die Lüge nicht mehr loslassen, nicht mehr hergeben – im Tausch für eine trübe Wahrheit mit Reihenhaus, Vorgarten, Hypotheken.

Das Märchen war so viel schöner als die Wirklichkeit.

Man hätte Eckel leicht überführen können. Die Bankbestätigungen waren primitiv gefälscht, aus Dubai, Bagdad und Saudi-Arabien machte Eckel ein einziges Karl-May-Gesamtkunstwerk. Trotzdem glaubten ihm seine Leute. Sie glaubten ihm, weil seine Behauptungen so unglaublich waren.

Seine Lüge schien umso einleuchtender, je weiter sie von der Wirklichkeit entfernt war. Eine Halbwahrheit wäre angreifbarer gewesen. Doch Eckel, der darin mit seinen großen Kollegen durchaus mithalten konnte, mit Felix Krull, dem Hauptmann von Köpenick, dem lügnerischen Seher aus »Asterix«, entführte seine Truppe in eine Märchenwelt, in der er Herrscher und Schöpfer war. Er machte es wie Scheherazade: Sobald die Realität sich störend bemerkbar machte, spann Eckel sein Märchen mit flinken Zügen weiter.

*

Im April 2009 summieren sich die gestundeten Gehälter auf etwa 25 Millionen Franken. Nichts davon ist je gezahlt worden. Die Stimmung hat sich zu diesem Zeitpunkt abgekühlt, verständlich. Eckel ist unter Druck, lange wird er das Spiel nicht mehr spielen können. Eilig organisiert er seinen letzten großen Coup: die Eroberung von Zürich.

Der Grasshopper Club Zürich ist der älteste, traditionsreichste Fußballverein der Stadt, 27-facher Schweizer Rekordmeister, Günter Netzer und Stéphane Chapuisat spielten hier einst, Ottmar Hitzfeld war mal Trainer. Aber jedes Jahr muss der Hauptsponsor, ein Gartenbauunternehmer, ein paar

Millionen Franken zuschießen. Neidisch blickt man zu Clubs wie Manchester City, Paris Saint-Germain, FC Chelsea, die von Oligarchen oder Scheichs mit Geld zugeschüttet werden.

Volker Eckel schickt seine Leute vor. Er lässt fragen, ob man interessiert sei an einem Finanzier. Wie viel brauche man? 50 Millionen Franken? 60 Millionen? Ob man sich treffen wolle?

Am 20. April des Jahres 2009 ziehen Eckel und seine Entourage in das vornehmste Hotel von Zürich ein, ins Baur au Lac, das er am Anfang nur von außen bestaunen durfte. Eine Deluxe-Suite, drei Doppelzimmer, ein Doppelzimmer zur Einzelnutzung, die Rechnung auf den Club. Eckel erkundigt sich nach dem Rolls-Royce des Hotels. Am Abend wird eine Absichtserklärung unterzeichnet, über 100 Millionen Franken. Zuvor hat Eckel die Boulevardzeitung *Blick* kontaktieren lassen, er will die Journalisten als Zeugen seines Ruhmes. Die Reporter haben herausgefunden, dass die Geschichte vom Scheich stinkt; aber sie lassen die Grasshopper-Bosse in die Falle laufen, um sie danach als Deppen präsentieren zu können.

Dann spielt das Grasshopper-Team gegen Vaduz, Eckel sitzt in der Ehrenloge, es ist sein Moment. Auf allen Fotos strahlt er, nie sah er glücklicher aus: Er ist am Ziel. Er hat die Welt überzeugt, er ist Scheich Muhammed.

*

In den folgenden Tagen wird die Geschichte in den Medien verbreitet, der Verein ist blamiert, Eckel enttarnt. Sein Imperium löst sich auf, jetzt geht es ganz schnell. Für seine

Leute beginnt eine harte Zeit. Sie stehen als Trottel da. Zwei von ihnen erstatten Anzeige, die Polizei beginnt mit Ermittlungen. Wer war Mitwisser? Oder sogar beteiligt? Jeder ist zunächst verdächtig, manche verkriechen sich, manche denken an Selbstmord. Der finanzielle Schaden, den Eckel angerichtet hat, ist schwer zu beziffern. Wenn man alles addiert, das erschwindelte Geld, unbezahlte Rechnungen, versprochene Gehälter, so kommt man nach staatsanwaltlichen Schätzungen auf rund 40 Millionen Schweizer Franken.

Eckel, davon ungerührt, fährt nach Deutschland zurück, schreibt von dort aus, immer noch als König, eine letzte Mail, dann lernt er die Schuhverkäuferin Susanne Meyer kennen, heiratet sie.

Am 7. September 2011 erlässt das Amtsgericht Rottweil Haftbefehl gegen ihn, im Mai 2012 folgt das Urteil 1 KLs 20 Js 13174/10. Da ist seine Frau bereits im zweiten Monat schwanger mit Feila.

*

Im Besuchsraum der JVA Freiburg sitzt jetzt ein Mann, der seiner Frau Susanne vom Neuanfang erzählt. Der berichtet, dass er seinen Hauptschulabschluss nachholen will, der ihr ausmalt, wie schön es eines Tages werden wird.

Herr Eckel, kennen Sie ein arabisches Wort?

»Oje.« Er wischt sich die Stirn, überlegt lange, dann sagt er: »Inschallah! So in dem Sinn, dass alles arabischmäßig passt und gut wird.«

Herr Eckel, Sie sprachen aber niemals Arabisch, als Sie den Scheich spielten?

»Meine Leute haben mich manchmal darum gebeten. Eure Hoheit, sagen Sie doch mal was. Oder: Wie schreibt man meinen Namen auf Arabisch? Das habe ich immer abgelehnt. Bitte, ich war ja der König. Außerdem gab es Sicherheitsbedenken, in so einem Job ist man ja ständig bedroht, überall sind Terroristen und Entführer, oje.«

Seine Frau betrachtet ihn, müde und zärtlich. Es ist wahrscheinlich eine Bürde, mit ihm verheiratet zu sein, aber seine Märchen sind so schön.

Es ist gleich drei Uhr, Ende der Besuchszeit.

⟩ Die Perle

Südchinesisches Meer, im Westen der Philippinen
Es waren einmal zwei Brüder, die hießen Arthur und Jojo und konnten ein Geheimnis bewahren. Sie waren Fischer und lebten auf einer Insel im Südchinesischen Meer, im Westen der Philippinen, und von dort aus fuhren sie aufs Meer hinaus, fingen Stachelmakrelen, Schnapper, Speerfische.

Und wenn man an Bestimmung glaubt, wie Arthur und Jojo, dann war es ihnen bestimmt, irgendwann einen Schatz zu finden, wie im Märchen.

Diese Geschichte ist allerdings kein Märchen. Elf Jahre liegt es nun zurück, dass die Fischer Arthur und Jojo tatsächlich einen Schatz, *ihren* Schatz, gefunden haben, so lang haben sie die Sache geheim gehalten, so lang lag ihr Schatz, im Wert von vielen Millionen Dollar, unter Arthurs Bett in der Hütte. Als die Geschichte später bekannt wurde, zogen Arthur und Jojo es vor, sich zurückzuziehen. Es hat einiges an Überredungskunst gebraucht, bis sie bereit waren, Fragen zu beantworten. Mit diesen Antworten jedoch lässt sich ihr Geheimnis als Geschichte erzählen.

An jenem Tag vor elf Jahren also, als sie die Perle finden sollten, waren sie schon vier Tage auf See gewesen. Allmählich ging das Trinkwasser zur Neige, viel Sprit hatten sie auch nicht mehr, es wurde Zeit zurückzufahren. Die Ausbeute war enttäuschend gewesen. Im Bootsbauch ihrer Motorbarke war ein Bassin eingelassen, in dem der Fang lebendig und frisch blieb.

Dann kam ein Sturm auf, von Süden her.

Sie fuhren vor der Wolkenfront landeinwärts und fanden eine unbewohnte Bucht, in der sie vor Anker gingen, die Böen und Wellen schüttelten das Boot durch. Aber endlich klarte der Himmel wieder auf. Sie wollten den Anker lichten, aber der hatte sich irgendwo verkeilt, verklemmt.

Jojo setzte sich die Taucherbrille auf, tauchte ab und blieb lange unten, und als er wieder auftauchte, war er aufgeregt und winkte seinen Bruder zu sich ins Wasser.

Dort unten, in etwa fünf bis sechs Meter Tiefe, lag die größte Muschel, die sie beide je gesehen hatten.

Und durch einen Schlitz in der Muschel sahen sie etwas, das schimmerte.

Mit viel Mühe hievten sie die schwere, festgewachsene Muschel vom Meeresgrund empor, öffneten sie und fanden darin eine Perle, die größer war als andere Perlen. Sie war riesig. Sie war unwirklich groß.

Sie brachten ihren Fund, versteckt in einem schwarzen Sack, den sie sonst für Proviant nahmen, nach Hause, erzählten nur ihren Geschwistern davon. Es gab noch sechs Brüder und eine Schwester. An diesem Abend versammelten sich alle und schworen, dass diese Perle ihr Geheimnis bleiben würde – solang es nötig sei. Arthur versteckte den Schatz unter seinem Bett, deckte ein paar Bastmatten darüber.

Die Perle würde ihnen Glück bringen, hofften sie.

Wer in dieser Ecke der Welt als Fischer in einer kleinen Motorbarke aufs Meer hinausschaukelt, für vier bis sechs Tage am Stück, der kann Glück gut gebrauchen. Zwischen 1977 und 2013 hat sich die Zahl der Wirbelstürme im Nordwestpazifik deutlich erhöht. Der Taifun Haiyan zum Beispiel verursachte 2013 eine Flutwelle von sieben Meter Höhe, bei Windgeschwindigkeiten von mehr als 300 Stundenkilometern.

Und so wurde die Perle für die Brüder Arthur und Jojo zum Glücksbringer, zur Zauberkugel, zum Lebensberater; sie berührten und streichelten sie, bevor sie aufs Meer fuhren, sie sprachen leise mit ihr, wenn sie Sorgen hatten, sie baten sie um gutes Wetter bei der Ernte, denn sie bauten hinterm Haus auch Süßkartoffeln und Mais an.

Und die Perle beschützte sie, so sahen sie es.

Kein Taifun zermalmte ihr Haus, sie erlitten bei der Arbeit keine Verletzung, die gefährlich wurde. Die Jahre vergingen. Die Perle lag unter Arthurs Bett. Unter ein paar Bastmatten.

Aber die Geschichte geht noch weiter.

Als ihr Boot, die M/B Jo Arthur, allmählich auseinanderfiel, wurde es Zeit für Veränderungen. Arthur und Jojo hatten genug vom Fischfang. Sie hätten die Perle jetzt verkaufen können, inzwischen hatten sie durchaus einen Begriff davon, wie viel sie wert war, nämlich eine Menge. Sie fragten ihre Tante Aileen um Rat, sie arbeitet im Rathaus, beim Fremdenverkehrsamt, sie kannte alle möglichen Leute – Jojo brachte ihr also die Perle, zusammen mit ein paar schon gekochten Maiskolben, das war im Sommer 2016.

Nun ging die Geschichte um die Welt. Die Perle wurde gewogen, vermessen, geschätzt, sie wog 34 Kilogramm, war mit 67 mal 30 Zentimetern die größte Perle, die jemals gefunden wurde. 100 Millionen Dollar war sie, Schätzungen zufolge, wert.

100 Millionen! Aileen ließ eine Vitrine bauen, um die Perle im Rathausfoyer von Puerto Princesa auszustellen, der Andrang war riesig, ganze Familien rückten an.

Arthur lebt inzwischen in Mindanao, er hat geheiratet und arbeitet als Wachmann. Jojo ist nach Puerto Princesa umgezogen. Er hat ein Tuk-Tuk gekauft, ein dreirädriges Motorradtaxi, nebenher züchtet er Schweine. Rechtlich sind die beiden Brüder immer noch die Eigentümer der Perle – und 100 Millionen Dollar sind, eigentlich, ein guter Grund, die Perle zu Geld zu machen. Aber Arthur und Jojo finden irgendwie, dass man sein Glück nicht verkaufen darf.

Die Freiheitsstrafe

Anissó, Portugal

Als der Anruf kam, gegen Mittag, befand sich Senhor Ferreira noch in seiner Hotelsuite. Ein exquisites Frühstück, Zeitung lesen im Bett, Vítor Lima Ferreira, Strafverteidiger, Staranwalt aus Porto, zweitgrößte Stadt in Portugal, genoss diesen Kurzurlaub – als sein Handy klingelte. Jemand aus Lissabon. Eine Frau. Die Stimme kultiviert, kühl.

Ob er eine Verteidigung übernehmen könne – die des »Höhlenmenschen«?

Ferreira sei ihr empfohlen worden, fuhr die Anruferin fort, als sehr fähiger und sehr diskreter Strafverteidiger, und Diskretion sei wichtig, die Kosten würde sie übernehmen, doch das Geheimnis ihrer Identität dürfe niemals gelüftet werden. Ferreira hatte von dem Fall gelesen, ein Ziegenhirt aus dem Norden, verurteilt wegen Mordes, von dem »Höhlenmenschen«, aus dem Gefängnis geflohen, 15 Jahre hatte er in Wäldern und Höhlen gelebt – jetzt war er gefasst worden. Und beteuerte seine Unschuld.

Von seiner juristischen Seite war der Fall schon heikel, dachte Ferreira; und von seiner menschlichen Seite?

Der Ziegenhirt Manuel Fernando Cruz wurde geboren am 2. Juni 1955, als eines von sieben Geschwistern, die bis auf ihn alle sterben sollten, an Krankheiten, Mangelernährung – in jenen Jahren war Portugal bitterarm, lag wie hinter einer Zeitmauer. Draußen entstand Europa, boomte Amerika; in Portugal herrschte ein altersmatter Diktator über ein randständiges Land. Und der Sohn einer *Pastora de Cabras*, einer Ziegenhirtin, konnte nur eines werden. Anissó hatte damals etwa 300 Einwohner, Bauern, die knapp über die Runden kamen.

Fernando wurde Hirte wie seine Mutter, er nahm sein Los an, fromm, bescheiden. Ein einziges Mal, er muss etwa Anfang 20 gewesen sein, gab es in seinem stillen Leben ein Aufbegehren – eine stürmische Liebe, ein Mädchen aus dem Nachbardorf. Fernando war damals gut aussehend, fröhlich, freundlich, und beinahe hätte das schöne

Mädchen seinem Werben nachgegeben; bis es eines Tages verschwunden war.

Portugal hatte sich gerade von der Diktatur befreit, aber man musste in die Städte ziehen, um am Aufbruch teilzuhaben. Diese Frau blieb Fernandos einzige Liebe, sein einziger Versuch einer Liebe.

Fernando war 36 Jahre alt, als er mit einer Frau aus dem Dorf in Streit geriet. Hermínia Barbosa, Ziegenhirtin wie er, galt im Dorf, so erzählen es heute die Leute, als zänkische Alte, aufbrausend. Aus dem Angeschnauze wurde ein Gerangel, angeblich schlug sie ihn mit ihrem Stecken, angeblich stieß er sie zurück, sie stürzte unglücklich, fiel auf den Hinterkopf, war tot. Fernando wurde festgenommen, verurteilt zu zehn Jahren Gefängnis in Braga.

Nichts, erklärt Fernando heute, habe er so gefürchtet. Wie konnte man leben ohne Wind, Sonne, Vogelstimmen, ohne einen Freund?

Nach knapp drei Jahren gelang ihm die Flucht.

Im Kommissariat von Braga gründeten sie eine Spezialeinheit, zwölf Leute und ein Inspektor. Fernando Cruz hatte kein Geld, keine Chance. Und trotzdem blieb er verschwunden.

Er war in den Wäldern untergetaucht, in den tiefen Eukalyptus- und Mischwäldern um sein Heimatdorf Anissó. Seine Unsichtbarkeit beruhte auf Verzicht – er baute keine Hütte, hinterließ keine Spuren, entfachte nur sehr selten mal ein Feuer. Er schlief in Höhlen, jede Nacht in einer anderen, 13 Höhlen benutzte er, und jedes Mal verwischte er seine Spuren, ein Nomade, ein Schatten, Jahr um Jahr.

Fernando hatte Verwandte in Anissó, Onkel Francesco, Tante Aida. Er hatte einen Freund im Nachbardorf, Agostinho. Es sprach sich herum, wo Fernando steckte. Kaum jemand im Dorf, der das Gerichtsurteil billigte. So kamen die Leute von Anissó, stets auf der Hut vor den als Wanderern täppisch verkleideten Polizisten, überein, ihm zu helfen. Jahre hindurch schmuggelten sie Äpfel, Brot, Käse, Medikamente. Agostinho schenkte ihm einen Hund, einen braunen Mischling, Nico.

Man könnte diese 15 Jahre als romantische Robinsonade erzählen; nichts wäre falscher. Jeder Tag, sagt Fernando heute, war grauenvoll, der Wald ein Gefängnis, die Sehnsucht nagte. Ein Freund. Ein Gespräch. Ein Spiegelei. Ein Glas Wein – aber Fernando blieb im Wald. Sein Bart wuchs. Er sprach immer weniger. Er wusch sich im Regen oder gar nicht. Er hätte dringend zum Zahnarzt gehen müssen. Der Wald war manchmal nass und kalt, manchmal trocken und duftend, und manchmal hätte Fernando schreien können, aber das lag nicht in seiner Natur. Nico war immer bei ihm, Treue ist die Bestimmung von Hunden. Fernando hatte ein Radio, er verfolgte die Spiele von Benfica Lissabon, das war sein kleines Fenster in die Welt.

Im Sommer dieses Jahres wurde Fernando Cruz verhaftet, ein erschöpfter, schrecklich anzusehender Mann, der mit rostiger Stimme bat, dass man den Hund verschone. Nach dem Gesetz hat er die restlichen sieben Jahre abzusitzen. Sein neuer Anwalt, Ferreira, will das verhindern, notfalls vor den Europäischen Gerichtshof ziehen. Er solle keine Kosten, keine Mühen scheuen, sagt seine mysteriöse Auftraggeberin.

Natürlich hat Ferreira jene geheimnisvolle Frau irgendwann gefragt, warum sie für einen verwilderten Ziegenhirten unbedingt einen Anwalt engagieren und alles bezahlen wolle.

Er ist kein schlechter Mensch, sagte sie, ich kenne ihn von früher, ich glaube, er hat mich mal sehr geliebt.

Der Pi-Mann

Paris, Frankreich

Es gibt viele tolle Ideen, das weiß Monsieur Bellard, aber funktionieren sie immer? Nähme man zum Beispiel Pi, die gute alte Zahl Pi aus der Schule, die harmlos mit 3,14 beginnt, aber dann weiterrattert, ins mysteriöse Nirgendwo – wenn man Pi mal gründlich ausrechnen würde? Gründlich hieße: Nicht nur auf ein paar Billionen Nachkommastellen, sondern auf 10 hoch 10 000 000 Stellen, wie es in der mathematischen

Fachliteratur gelegentlich diskutiert wird? Dann hätte man schon fast die Superzahl.

Man hätte ein Stück von der Unendlichkeit.

Monsieur Bellard, was meinen Sie dazu?

Bellard, zart und schmal, trinkt von seinem Mineralwasser, er lächelt höflich.

Nun bräuchte man für diese Monsterzahl einen Monstercomputer. Aber weil es im gesamten Universum nur etwa 10 hoch 79 Elementarteilchen gibt, könnte der fiktive Computer, selbst wenn er das Universum umfasste, auch nicht mehr Stellen aufnehmen als 10 hoch 79 – was zu wenig wäre, um Pi beizukommen, erschütternd wenig, es gibt viele tolle Ideen, aber manche funktionieren nicht. »Tja, Pi ist eben unendlich«, sagt Monsieur Bellard, leise, bekümmert, als müsste er sich entschuldigen, dass diese Dinge so kompliziert sind.

Die Kellnerin kommt, lächelt, er lächelt nicht, bestellt jedoch Gemüsesuppe, nein, keinen Wein, merci, Fabrice Bellard, Franzose, aber kein Weintrinker, eher: der Pi-Mann.

Er spricht nicht gern über sich. Sohn eines Technikers und einer Mathematikprofessorin, schrieb seine ersten Programme mit zwölf. Inzwischen Informatiker, Mathematiker, 37 Jahre alt, Experte für Verschlüsselungssysteme, wie sie etwa bei der Übertragung von Kreditkartennummern verwendet werden. In seiner Freizeit, um zu entspannen, löst er mathematische Probleme.

Monsieur Bellard, Sie haben neulich die Zahl Pi auf 2,7 Billionen Stellen berechnet – warum?

Er sitzt an einem Ecktisch im Restaurant Molière, Rue de Richelieu, unweit der Oper. Draußen scheint die Frühlingssonne, leuchtet Paris; Mittagszeit, Mopeds knattern, vor Bistros und Boutiquen stehen junge Frauen mit schönen Beinen und in kurzen Röcken, sie rauchen, kichern. Bellard schaut nicht aus dem Fenster, er betrachtet, was die Kellnerin ihm hingestellt hat, grüne Suppe, runder Teller.

»Die Pi-Forschung ist interessant«, er wischt mit der Serviette über den Löffel.

»Unendliche Zahlen sind ebenfalls extrem interessant – das macht man sich im Alltag vielleicht nicht immer klar!«
Ja, vielleicht. Indes ist Pi tatsächlich alltäglich. Die Entdeckung dieser den Kreisumfang bestimmenden Zahl Pi war ein zivilisatorischer Riesenschritt, sie half bei der Berechnung von planetaren Bahnen und dem Bau von Weinfässern. Für Mathematiker war Pi Trainingsgerät und Spielzeug, Archimedes, Ramanujan, Leonhard Euler ersannen die elegantesten und irrsinnigsten Formeln, um Pi und das Wesen der Welt zu verstehen, wenigstens ein bisschen.

Bellard wird fast schon fröhlich, während er davon erzählt. Dass Pi irrational ist und transzendent, dass der Kreis, Vorbild für Rad, Ring und Hula-Hoop, nie restlos berechnet werden kann, voilà.

Aber Sie wollten das Unergründliche erforschen, Monsieur?

»Nein, bitte, das kann man nicht erforschen – gegenüber einer unendlichen Reihe ist jede noch so große Zahl, auch meine 2,7 Billionen, bescheiden«, sagt er, »gegenüber der Unendlichkeit verblasst eben alles.« Bellard legt den Löffel beiseite. »Aber dann, als meine Zahl plötzlich da war, empfand ich es doch als einen großen Moment.«

Über Silvester besuchte Bellard seine Eltern in Montpellier. Am Vormittag suchte er sich ein ruhiges Eckchen im ersten Stock, die Eltern saßen drunten im Wohnzimmer, Gäste waren gekommen, man trank Kaffee. Bellard schloss die Tür hinter sich, loggte sich in seine Computer ein, die im klimatisierten Rechenzentrum einer Firma für Kryptografie standen, blieb etwa zweieinhalb Stunden im Netz. Dann stieg er die Treppe hinab, ins Wohnzimmer, und berichtete den Anwesenden von seinem Triumph. Die Reaktion seiner Eltern, der Gäste war freundlich, war bemüht; außer Rand und Band geriet keiner.

Dabei war es ein Rekord, ein Weltrekord, geschaffen mit einfachsten Mitteln, herkömmlichen PCs, erschaffen in 131 Tagen und Nächten, in denen er miserabel geschlafen hatte, während die willenlosen Kisten rechneten, was er, der Zauberer, ihnen aufgetragen hatte. Dass sie nicht abstürzten, dass sie nicht Unfug trieben in diesen 18,7 Wochen, ist Bellards wahre Leistung. »Der Weg ist das Interessante«, sagt er.

Der Weg als Ziel, das klingt bekannt und schön. Sind Bellards hypnotische Zahlenkolonnen womöglich Kunst? Schließlich geht es um Mathematik, die Anschauung des Reinen und Absoluten, Gesetze, die weit über den Menschen und sein hiesiges Gemurkse hinausgehen – aber Bellard will gar kein Künstler sein. Er will nach Hause gehen, in sein Apartment im siebten Stock eines schmucklosen Mietshauses im

Norden von Paris, die Wohnung sicherlich sehr aufgeräumt, und dort will er still sitzen und über Probleme nachdenken, über die Unendlichkeit.

Sarg nach Singapur

Von Bangladesch nach Singapur

Ja, sagt Din Islam, solche Träume hatte er, Träume von einem anderen Leben, aber immer passierte das Gegenteil, und jetzt ist er also wieder zu Hause. Ist wieder in seinem Dorf, es heißt *Bishaw*, tief im Süden von Bangladesch, einer der Dorfbewohner hat ein Telefon, man kann ihn dort anrufen: Din Islam, 30 Jahre alt, Hafenarbeiter, schmächtig, dunkeläugig, Gatte der Beauty Begum, Vater eines kleinen Jungen.

Und Überlebender eines Albtraums.

Die Hütte, in der sie leben, seine Familie und er, hat noch sein Vater gebaut, Bambus und Wellblech, 45 Quadratmeter, drei Räume, mit Tüchern abgeteilt. Zehn Personen leben dort, Dins Eltern, sein Bruder, die Schwägerin, die vier Kinder, hinter der Hütte halten sie ein paar Tiere, sechs Hühner, eine Ziege, ein Schaf. Aber das reicht nicht. Ihnen gehört zwar ein Stück Ackerland, aber der Boden ist zu salzig. Also müssen die Männer nach Chittagong gehen. Chittagong: größter Hafen des Landes, zwei Stunden Fußmarsch vom Dorf.

Wenn man früh da ist, sagt Din Islam, kriegt man manchmal einen Job. An jenem Tag hatten wir Glück, mein Freund Amin und ich.

Am Morgen des 1. April dieses Jahres wurden Din und Amin, die an Pier 3 mit anderen Tagelöhnern warteten, gegen sieben Uhr von einem *Majhi*, einem Vorarbeiter, herangepfiffen, angeheuert. In einem Lagerhaus war eine Ladung abgestürzt, Reissäcke waren aufgeschlitzt worden, Din und Amin sollten aufräumen. Tageslohn: 250 Taka, zweieinhalb Euro.

Der Hafen von Chittagong ist so etwas wie der Maschinenraum der Globalisierung, von hier aus werden Tonnen von T-Shirts und Satinkleidern, genäht in den Sweatshops des Landes, verschifft: eine Welt aus Containeranlagen und Krach, Kränen und Hallen, dazwischen Imbissbuden, Schlamm, Dreck, Gebetsräume.

An einer Bude holten sich Din und Amin abends, nachdem sie ausbezahlt worden waren, ein Gemüsecurry. Sie ließen es sich in Zeitungspapier wickeln, erstanden außerdem ein paar

Marihuana-Zigaretten, 15 Taka das Stück. Es war bereits zu spät und zu gefährlich, um noch heimwärts zu marschieren, also suchten sie sich einen Platz für die Nacht.

Tetrahydrocannabinol, enthalten im Harz der Blütenstände, dockt im Gehirn an die Rezeptoren CB1 und CB2 an und wirkt als mildes Halluzinogen, entspannend, auch einschläfernd. Din Islam und Amin plauderten, während sie rauchten, Din erzählte, dass er davon träume auszubrechen. Irgendwohin reisen. Irgendwo arbeiten, reich zurückkehren. Dann krochen sie in den leeren Transportcontainer, legten sich auf eine Pappe. Am nächsten Morgen erwachten sie von einem dröhnenden Geräusch.

Die stählerne Kiste war verriegelt, sie waren gefangen.

Und sie waren unterwegs, das Dröhnen kam von den Motoren der Hansa Caledonia, die zur Flotte einer Hamburger Reederei gehört, Leonhart & Blumberg.

Neun Tage verbrachten die beiden Männer im Container. Sie fanden ein verbogenes Metallstück, damit gaben sie Klopfzeichen, riefen, brüllten, solang ihre Stimme es hergab, um Hilfe. Sie beteten. Trösteten sich gegenseitig.

Am dritten Tag ohne Wasser, ohne Nahrung begann Amin zu halluzinieren. Er sprach mit seiner Mutter, deren Gesicht er vor sich sah, er entschuldigte sich bei ihr, wimmerte um Wasser. Am dritten Tag, erinnert sich Din, verstummte Amin. Als Din den Körper seines Freundes betastete, war der starr.

Din Islam hielt noch sechs Tage lang aus. Das Klopfen und Brüllen gab er auf. Gelegentlich regnete es, etwas Wasser sickerte in den Container, und mit seinem Kittel tunkte er es auf, nuckelte an dem Zipfel noch stundenlang. Wenn er die Augen schloss, sah er das Gesicht seines Jungen vor sich, meinte zu fühlen, wie der Kleine ihn mit seinen Ärmchen umschlang.

Am 10. April wurde Din Islam, dehydriert und halb tot, am Pasir Panjang Containerterminal in Singapur gefunden, ins Alexandra-Krankenhaus gebracht, nach drei Tagen als wiederhergestellt entlassen.

Jetzt war er in Singapur, in einer der reichsten Städte der Welt, von unglaublicher Sauberkeit, mit glitzernden Einkaufspassagen, in denen die Leute kauften, kauften, kauften. Din, frei, aber eingesperrt in Armut, wanderte durch die Stadt. Gläserne Fassaden und überall so viel Licht. Und nie hätte er gedacht, dass es so viele Dinge gibt, die man kaufen kann, wenn man kann.

Über die Zeit in Singapur spricht er nicht gern. Er wusch Teller, sortierte Müll, schlief in Löchern, immer auf der Hut vor der Polizei. Schließlich traf er auf ein paar Landsleute, die ihm umgerechnet 500 Euro für ein Flugticket schenkten. Mitte Oktober bestieg er ein Flugzeug. Zwei Tage später war er in seinem Dorf.

Drei Träume hatte Din Islam, Hafenarbeiter aus Bishaw. Der erste war ein Marihuana-Traum, der zweite ein Albtraum. Der dritte Traum lässt ihn nicht los: Din Islam weiß jetzt, was es alles gibt, wie man auch leben kann, außerhalb seiner Welt, dieses Wissen ist wie ein Gefängnis, ein Container. Schwer, jetzt mit dem Leben weiterzumachen.

Der Detektiv Gottes

Zell am Harmersbach, Deutschland

Der heilige Franz von Assisi, sagt der Pater, und er lächelt glücklich, er wollte, dass wir in die Herzen der Menschen blicken.

Pater Ernst-Konrad: groß, dick, stark, mit Bart und Birkenstock, grauen Wollsocken, einer Mission. Gott und die Welt sind unbegreiflich, *videmus in aenigmate*, doch mit Demut können wir das Rätsel lösen.

Am Morgen, als der Prozess beginnt, sitzt Pater Ernst-Konrad im Konvent, die wöchentliche Besprechung. Elf Brüder in braunen Kutten – wie Sean Connery alias William von Baskerville, der Detektivmönch aus *Der Name der Rose*. Der Wochenplan: Wer macht den Unterricht zur Firmung, Messe, Caritasdienst, Telefondienst, gebetet haben sie bereits, die *Laudes*, das Morgenlob, so läuft das hier, im Kloster in Zell am Harmersbach, tief im Schwarzwald.

Pater Ernst-Konrad dankt seinem Schöpfer, dass der ihn an diesen Platz gesetzt hat – obwohl, an diesem Morgen könnte es sein, dass der Pater gern eigene Pläne gehabt hätte, gut möglich, dass er jetzt gern in Offenburg wäre, eine halbe Autostunde entfernt, Amtsgericht, Saal 108. Denn er bringt eine Sache gern zu Ende.

Und was dort geschieht, ist sein Werk.

Saal 108. Zuerst kommt Frau Rechtsanwältin Oetjen, die Robe rauscht, die Absätze knallen, zwei dicke Strafrecht-Kommentare klemmen unterm Arm, sie zischt die Fotografen an, ihren Mandanten nicht zu fotografieren, sonst gibt's Ärger! Und dann kommt ihr Mandant hereingetrödelt, Herr B. wirkt, als sei ihm der Aufwand, den seine Anwältin um ihn treibt, unbehaglich – schmal, blond, Mitte 40, gutmütiges Gesicht, ein netter Kerl, ein Verbrecher.

Er setzt sich. Seine Komplizin, Frau H., Ende 50, ist reingehuscht: eine kleine, korpulente Person in einem zerdrückten, grauen Mantel, der Kopf der Bande, wird es später heißen. Endlich betritt das Hohe Gericht den Saal, alle erheben sich, die Staatsanwältin rückt an ihrer Brille, es geht los.

Frau H. und Herr B. haben eine Art Firma betrieben, für Kirchendiebstahl. Es ist ein Vorurteil, dass ALG-II-Empfänger nicht fleißig seien, die Staatsanwältin verliest die Tatorte, Nordrach, Lahr, Herbolzheim, Waldau, Emmendingen, Ringsheim, Ettenheim, Kippenheim, Merzhausen, Hinterzarten, meist kamen Frau H. und Herr B. gegen Nachmittag, stets hatten sie einen flachen Schuhlöffel dabei, mit beidseitigem Klebeband umwickelt, ihre Erfindung. Aus den Spendenkästen fischten sie Münzen, Scheine; mal 20 Euro, mal mehr. Bamlach, Furtwangen, Triberg, Denzlingen, anfangs klapperte Frau H. im Bus die Kirchen ab, später kam Herr B. dazu, sie nahmen seinen schwarzen Nissan, Britzingen, Titisee, Haslach, jeden Tag drei, vier, fünf Kirchen, zwölftausend Diebstähle in rund zehn Jahren, sagt die Polizei, Elzach, Höchenschwand, Gundelfingen, Beute: zweihundertfünfzigtausend Euro.

Es ist nicht schwer, eine Kirche zu bestehlen, Vertrauen ist Teil des christlichen Gesamtkonzepts. Niemand kontrolliert, wie viel Geld in so einen Opferstock gesteckt wird; auch hatten die Diebe inzwischen Routine, diese Besuche gaben ihrem Leben Sinn, eine Aufgabe, so beschreiben sie es in Saal 108.

Jahrelang also hätte die Klauerei weitergehen können.

Aber dann kam Pater Ernst-Konrad ins Spiel.

Das Kloster, ein gedrungener, graugelber Bau, liegt rückwärtig der Wallfahrtskirche Maria zu den Ketten. Das Gotteshaus steht tagsüber offen, was schön ist, denn jeder kann herein; andererseits kann jeder herein. Darum hat Pater Ernst-Konrad die Angewohnheit, immer mal rüberzuschlendern. Nach dem Rechten sehen. Er ist fromm und freundlich, aber es steckt vielleicht auch ein Hausmeister-Gen in ihm.

Und so entdeckt er eines Nachmittags im Oktober eine kleine Frau und einen schlaksigen Mann, wie sie an dem Opferstock fummeln, rascheln, ertappt gucken, als er hinzutritt. Sie haben ein flaches Werkzeug, seltsam. *Videmus in aenigmate*, Gott und die Welt sind unbegreiflich. Man solle in die Herzen der Menschen blicken, und was Pater Ernst-Konrad dort sieht, gefällt ihm nicht, vor ihm stehen zwei Diebe.

Und jetzt? Und nun? Dazu fällt ihm nichts ein auf die Schnelle, also blickt der Pater rasch in sein eigenes Herz und lächelt Frau H. und Herrn B. an, wenn sie bitte einen Moment auf ihn warten, er will nur schnell was holen, verlässt die Kirche, schön unauffällig, gemessenen Schritts, wetzt rüber in die Buchhandlung Kopf, ans Telefon, wählt 110, hastet zur Kirche zurück, der Detektiv Gottes.

Die beiden sind – ja, wo? Weg! Nein, da! Er holt sie ein, baut sich vor ihnen auf, groß, rund, entschlossen, und redet, bitte, hier, der Altarraum mit der Marienstatue, die Kirche sei übrigens wahrscheinlich von irisch-schottischen Mönchen gegründet worden, interessant, nicht wahr? Er lässt sie nicht gehen, er quatscht sie zu.

Reden kann ich ja, sagt er.

Und der Pater redet, nicht mit Engelszungen, aber lange genug, bis Polizeihauptkommissar Müller vorfährt.

In Saal 108 sagen jetzt Herr B. und Frau H., dass sie ihre Taten gestehen, sich schämen, sie werden zu etwas mehr als einem Jahr Freiheitsstrafe verurteilt, auf Bewährung. Eine halbe Autostunde weiter, wie jeden Tag, schlendert Pater Ernst-Konrad zur Kirche, nur mal gucken.

Einer für alle

Bida, Nigeria

Abends, wenn die schlimmste Hitze nachlässt, die Kinder aus dem Schatten kriechen, sich sammeln an der aus Betonklötzen zusammengesetzten Tischtennisplatte im Hof, wenn schließlich die Frauen eintrudeln, den Platz bevölkern, schwatzend, lachend – dann irgendwann kommt auch er. Tritt aus dem Haus, schreitet über die mit grünem Linoleum ausgelegte Veranda, lässt sich nieder auf dem Teppich, über dem feierlich eine Glühbirne baumelt. Scharen von Anhängern, die bereits auf ihn gewartet haben. Die Polizisten an der Hofeinfahrt straffen sich. Die Kinder jubeln und winken mit ihren Kistenbrettern, die ihnen als Tischtennisschläger dienen; und die Frauen, die im Hof Hühner rupfen oder Maniok rösten, lächeln, und manche wackeln mit den Hüften, mit dem Hintern. Er genießt es – es ist seine Show.

Sein Leben in Zahlen: Frauen: 86. Kinder: 117. So die jüngste Zählung, dazu zwei noch namenlose Neugeborene, und alle kommen irgendwie unter in seinem Anwesen am Ende einer Seitenstraße in Bida, zwei klotzige Häuser, riesiger Innenhof, Wellblech, offene Feuerstelle. Tausende Leute, Besucher, Freunde, Kinder.

Mallam Bello Abubakar Masaba heißt der Mann, genannt Baba, geboren in Chikangi, Nigeria, ein freundlicher Herr. Weiche Stimme. Schmal, gekleidet in eine knöchellange Dschallabija, gern weiß oder blau, einen bestickten Fes auf dem Kopf, einen Privatkrieg am Hals. Ein Krieg um Frauen.

Babas Gegner sind die Islamisten aus dem Norden Nigerias. Sie haben Baba angegriffen wegen seiner Frauen – was bildet der Kerl sich ein? Der Prophet hat das nicht erlaubt!

Sie überziehen ihn mit Prozessen, Mordaufrufen, sie wollen sein Blut; Baba hingegen bleibt bei seinen Gattinnen, einer für alle, Baba, Frauenbeauftragter in eigener Sache.

Mein Leben widmete ich ganz diesem Thema, sagt er.

Baba wird geboren am 14. April 1924, eines von acht Kindern, der Vater ist Muslim und sogar um zwei Ecken verwandt mit den Fürsten der Nupe, zu deren Volk Babas Familie gehört. Was ihm aber nicht viel nützt. Die wahren Fürsten sind die Weißen; Baba wächst heran in einem Land, das sich die Engländer unter den Nagel gerissen haben, um es diskret auszuplündern.

Baba besucht die Koranschule, wo man auch schon mal feindselige Predigten gegen die Engländer zu hören kriegt. Tatsächlich bröckelt deren Macht, nichts ist beständig in diesem Leben, das ist die erste afrikanische Lektion, die Baba lernt.

Mitte der 40er-Jahre fängt er bei der United African Company an. Sie verschifft Erdnüsse, Melonenkerne, Holz; Baba wird Buchhalter, zuständig für Einkauf und Transport nach Lagos. Ein guter Job: Er kann Englisch lernen, sparen für sein großes Ziel: eine Frau; irgendwo muss man ja mal anfangen.

Sie heißt Hajaya Afsatu, ein häufiger Name in Nigeria. Später wird es in Babas Kollektion noch vier weitere Hajaya Afsatus geben. Bis heute ist er mit Nummer eins noch zusammen, »sie ist für mich etwas ganz Besonderes«. Ans Hochzeitsfest kann Baba sich, 56 Jahre und 85 Frauen später, noch lebhaft erinnern, es gab Tuwo, Reisbällchen mit scharfer Soße, die Gäste waren fröhlich, er überglücklich.

Es folgen die 60er- und 70er-Jahre: der bebende Aufbruch Afrikas. In nur einem Jahr, 1960, erklären 17 Länder ihre Unabhängigkeit, Nigeria ebenfalls. Baba wird von der revolutionären Stimmung angesteckt, aber auf seine Weise – er kündigt den Buchhalterjob, wird Heiler und baut von nun an seine Fähigkeiten als Ehemann weiträumig aus.

Militärdiktaturen, Machtkämpfe, Religionskämpfe – nichts kann Baba von seiner Mission abbringen. Frauen der

Nupe, der Yoruba, der Haussa, Kanuri, Ibo, dicke Frauen, dünne Frauen, tätowierte, hässliche, wunderschöne, junge, alte – pingelig ist Baba nicht, 1,53 Ehen pro Jahr. Indes wird immer mehr Öl im Land entdeckt; doch von dem Reichtum profitiert nur eine schmale Schicht. Nigeria versinkt in Korruption und Gewalt, der Zwist zwischen islamischem Norden und christlichem Süden wird zum Bürgerkrieg. Nur Babas Kommune floriert, ein Gegenentwurf, eine Kolonie der Liebe.

Als ein Christ aus dem Süden, Olusegun Obasanjo, im Jahr 1999 Präsident wird, führen zwölf nördliche, muslimisch dominierte Bundesstaaten die Scharia ein – als Druckmittel, um die Zentralregierung zu erpressen, zu blamieren mit abstrusen, barbarischen Urteilen. Eine Steinigung hier, ein Lynchaufruf dort, so lassen sich Emotionen aufstacheln. So kommt auch Baba den muslimischen Scharfmachern gerade recht. Sie stellen ein Ultimatum: Vier Gattinnen gestattet der Koran, basta. Baba weigert sich. Sein Fall kommt vors Scharia-Gericht in Bida, später vor ein Bundesgericht, die Richter: Er darf die Frauen behalten. Polygamie gehört zur Tradition Nigerias, so etwa argumentieren sie.

Baba hat seither noch mehr Zulauf. Es gibt reiche Auftraggeber, die seine Talente als Heiler und spiritueller Ratgeber schätzen, und viele seiner Frauen haben gute Jobs. Auch die bleiben bei ihm, auf die Art wissen sie, wohin sie gehören, und es gibt einen Mann, der nicht allzu sehr stört.

Die Nächte bei Baba sind nicht zum Schlafen da. Das Feuer im Hof lodert, es wird gegessen, geredet, Tee getrunken, bis weit nach Mitternacht kommen Freunde, Bewunderer vorbei, gelegentlich auch die eine oder andere neugierige Frau. Denn Baba hat einen gewissen Ruf, und auch er hält die Augen offen, das Leben geht weiter.

Im Urknall

Atlantischer Ozean

Aleksander Doba springt auf von seinem Stuhl. »Habe ich von der Begegnung mit dem Pottwal erzählt? Ha! Es war an einem Abend. Glatte See. Schöne Luft. Plötzlich spüre ich eine Präsenz. Da ist was. Und ich drehe mich um, und da war er, ganz ruhig, ganz nah ...« Doba schluckt, macht eine Pause, ein Mann von 67 Jahren. Er trägt im Sommer kurze Hosen und wohnt in der Ulica Roweckiego, in Police, im

Norden Polens. Er hat kräftige Hände, wenig Sitzfleisch und einen langen Bart. Von Beruf Ingenieur, ehemals, inzwischen in Rente, verheiratet, Söhne, Enkel – ein ganz normales Leben, einerseits.

Andererseits ging die jüngste Reise des Mannes quer über den Atlantischen Ozean, in einem Kanu. Ein Mann, ein Meer. Über sechs Monate. Und ab und zu ein Wal.

»Die Schwanzflosse war so breit wie dieses Zimmer«, sagt er, er schaut sich in seinem Wohnzimmer um, blickt zum Fenster hinaus. Dann, leise: »War ein sehr schöner Moment.«

Am 5. Oktober 2013, um 16.08 Uhr Ortszeit, kletterte Aleksander Doba am Jachthafen von Lissabon, Portugal, in sein Kajüt-Seekajak aus Karbonfaser und Epoxidharz mit Schaumkern, ergriff sein Paddel, winkte kurz, und los ging's, Richtung Westen, Amerika. Übers Meer, übers Meer. An Bord hatte er Fleisch- und Gemüsekonserven für 100 Tage, 220 Liter Trinkwasser sowie ein Meerwasserentsalzungsgerät. 3 Flaschen selbst gemachten Wein, 200 Tafeln Schokolade. 4 Zahnbürsten, 5 Leinenhüte, Nähzeug, Handschuhe, Schraubenzieher, Batterien, Handbücher, GPS-Gerät.

Etwa 8000 Kilometer lagen vor ihm. Er fuhr allein, klar. Weniger klar sind, jedenfalls für den Außenstehenden, Sinn und Zweck der Sache. Warum über den Atlantik paddeln, wenn man zu Hause bleiben kann?

Ach, zu Hause sei er lange genug gewesen, sagt Doba. Als junger Mann kannte er vor allem die Restriktionen in Polen; nirgends durfte man hin, alles Mögliche war verboten. Sehr spät erst habe er die Freiheit des Reisens entdecken können.

Doba sitzt an dem kleinen, polierten Esstisch im kleinen Wohnzimmer der Zweieinhalb-Zimmer-Wohnung, Ulica Roweckiego 82, Wohnung Nummer 4, er wohnt hier mit seiner Frau, aber die will übrigens nur, dass dies seine letzte Reise war.

Er hat Kaffee gekocht. Er holt ein Schälchen Karamellbonbons und erzählt von Weite und Aufbruch. Er wickelt ein Bonbon aus, steckt es in den Mund, lutscht hingebungsvoll. Von Lissabon aus paddelte er zunächst Richtung Süden, die afrikanische Küste entlang. Auf der Höhe von Casablanca bog er rechts ab. Von nun an ging es stur geradeaus. Links, rechts, er und der Atlantik, links, rechts, schätzungsweise 30 000 Mal am Tag tauchte er das Paddel ein, und er kam von der Stelle, aber eben sehr, sehr langsam; der Paddler, Pilger der Meere.

Doba folgte erst dem Kanarenstrom, dann dem Nordäquatorialstrom, am 20. nördlichen Breitengrad entlang. Oft war die See glatt. Tagelang nichts als Stille, Einsamkeit. Das Glucksen des Wassers am Kanu. Manchmal kamen Fische, der Schatten des Kanus hatte sie womöglich angelockt. Er habe mit ihnen geredet. »Ich sagte Dinge wie: ›He, dich kenne ich! Warst du schon mal hier? Was hast du für eine schöne Flosse!‹«

Albatrosse am Himmel. Fregattvögel kamen, landeten auf dem Boot, ruhten sich aus, putzten ihr Gefieder. Ein kleines Exemplar landete auf Dobas ausgestrecktem Zeigefinger. Er habe, sagt er, noch lange das hauchzarte Gewicht dieses Tieres auf seinem Finger gefühlt.

Eines Abends, auf der Hälfte der Reise, traf ein Hieb das Kanu; ein Tigerhai hatte das Boot gerammt. »Er blieb nur wenige Handbreit unter der Oberfläche, war angriffslustig. Aber wozu hab ich ein Paddel? Zwei kräftige Schläge gegen den Kopf, tack-tack, so, fertig!« Der Hai, erzählt Doba, sei dann unter dem Boot hindurchgeglitten, in mörderischer Anmut. Wegen der Haie traute sich Doba übrigens nicht, sich schwimmend abzukühlen. Auch seinen Darm zu entleeren, was nur alle paar Tage nötig war, wagte er nur, wenn er zuvor lange das Wasser beobachtet hatte, denn er musste sich dazu über die Bordwand hängen. Wochen vergingen. Links, rechts. Beim Paddeln trug er Hemd, Hut, Halstuch; untenherum: *nic totalny*, nichts.

Er geriet in Stürme. Aber was für welche, sagt Doba. »Gibt ja auf dem Meer keinen Schutz.« Tage und Nächte hindurch trommelte der Regen, und die Wellen türmten sich, hochgeschleudert wurde das winzige Kanu, tanzte auf dem Wellenkamm, raste abwärts auf der Welle. Blitze schlugen ins Wasser ein, und dort, wo sie eingeschlagen hatten, war die Luft erhitzt, wie elektrisch. Es war, sagt Doba, als wäre man mittendrin im Urknall.

Nach jedem Sturm: Erschöpfung. Trotzdem paddeln, immer westwärts. Links, rechts. Jeden Tag acht Stunden. Dann an die Entsalzungspumpe, drei Stunden lang, um Trinkwasser zu erzeugen. Anschließend Trockennahrung, zwei oder drei Tassen Wasser, Schokolade. Und schlafen.

Die Zähigkeit, den Willen für diesen Kraftakt – diese Eigenschaften musste Doba erst ausfindig machen. Äußerlich überquerte er den Atlantik, tatsächlich ging seine Reise nach innen. Irgendwo in den Ressourcen seiner Persönlichkeit muss er etwas entdeckt haben, was er daheim nicht entdeckt hätte – Mut vielleicht, das Gefühl, alles schaffen zu können.

Am 19. April 2014, nach 167 Tagen auf See, kam er an in New Smyrna Beach, Florida. Er war dehydriert, taumelte, sein Körper war bedeckt mit schmerzenden Salzwassergeschwüren. Die Augenlider waren entzündet, die Hände geschwollen, die Nägel aufgequollen und er war sehr glücklich.

Die Mohammedwerdung

Birmingham-Stechford, England

Es war mitten in der Nacht, jemand klingelte Sturm, jemand trat gegen die Tür, bollerte ans Fenster.

Dillon, ich habe Angst, flüsterte Louise.

Es war mitten in einer Novembernacht, als die Polizisten das erste Mal kamen, Louise und er hatten geschlafen, erinnert sich Dillon Brown. Draußen fegte eisiger Regen durch

Birmingham-Stechford, Mittelengland, es muss gegen drei Uhr morgens gewesen sein, sagt Dillon.

Eineinhalb Jahre später, er sitzt im Wohnzimmer, sein Sessel steht am Fenster. Draußen scheint die Sonne. Er schiebt die Gardine zurück, deutet auf den kleinen, verwilderten Vorgarten – dort standen sie.

Und so begann es.

Das Schlafzimmer liegt im ersten Stock des Reihenhauses, das Dillon und Louise bewohnen. Er schlief in Unterhose, gewohnheitsmäßig, stolperte die enge Treppe hinunter, machte Licht, vor der Haustür drei Polizisten. Der Streifenwagen stand schräg. Dillon blinzelte in das Geflacker des Blaulichts. Einer der Polizisten trat dicht auf ihn zu.

»Sir! Sind Sie Mr. Mohammed?«

Dillon Brown, geboren in Birmingham, Arbeiter bei einer Transportfirma, ist ein netter Kerl, eigentlich gutmütig, 38 Jahre alt, drahtig, hat früher Fußball gespielt, bei den Birmingham Boys. Brown hat einen hellen Teint, helles Haar, es war bei einem der späteren Besuche, als er einem der Polizisten die Frage stellte: »Officer, sehe ich pakistanisch aus, wie jemand, der Mohammed heißt? Ich heiße B-r-o-w-n, ich habe mit diesem Mohammed nichts zu schaffen, *nothing in common at all!*« Was für einen Engländer bereits eine harsche Formulierung ist.

Und was nicht ganz stimmte.

Es gibt eine Gemeinsamkeit: Brown wohnt in der Reeve Road; sein Nachbar, Mohammed Zaid, wohnt zwei Straßen weiter, Reeve Grove, dieselbe Hausnummer, es ist eine Art

Zwillingsadresse. Nachbar Zaid kommt offenbar ziemlich häufig mit dem Gesetz in Konflikt; sobald jedenfalls die West Midlands Police, Birmingham East, einen Anlass sah, einen Streifenwagen zu schicken, gab sie Reeve Grove ins Computer- und Navigationssystem ein, worauf ein Satellit, in wahrscheinlich 20 000 Kilometer Höhe, die Polizisten sicher zum Ziel lotste, allerdings zum falschen, zur Reeve Road.

Der Chief Inspector, der sich irgendwann bei Dillon Brown entschuldigte, war sehr freundlich.

Dillon sitzt in seinem kleinen Wohnzimmer, er hält einen großen gelben Briefumschlag in der Hand, darin Aktennotizen, Briefe, Antworten der Polizei, Fotokopien, Namen und Dienstnummern der Polizisten, die er sich geben ließ, als sie klingelten, zu jeder Tages- und Nachtzeit – sein Briefumschlag enthält die ganze Tragödie: Dillon geht als Dillon ins Bett und wird um drei Uhr nachts als Mr. Mohammed geweckt, als jemand, der er nicht sein will. Gegen Dillons ausdrücklichen Wunsch, er selbst sein zu dürfen, steht das Beharrungsvermögen des Systems: 45 Besuche in 76 Wochen hat Dillon gezählt. Wer Telefonterror ausgesetzt ist, lässt sich eine Geheimnummer geben. Wenn man daheim belästigt wird, ruft man die Polizei. Wenn einen aber die Polizei belästigt?

Dillon schrieb Briefe an die Polizei, an die Lokalzeitung, er rief zwei Rechtsanwälte an, hängte ein Plakat an die Haustür, mit Filzstift gemalt, HIER IST NICHT REEVE GROVE, SONDERN REEVE ROAD, und im April dieses Jahres endlich meldete sich der Chief Inspector persönlich und drückte sein Bedauern aus, und er machte den Vorschlag, ein

Blechschild an Dillons Tür zu schrauben, mit dem Wappen der West Midlands Police und dem Hinweis, dass hier nur Mr. Brown wohne. Aber Dillon lehnte ab. »Wer will so ein Schild an der Tür? Das Plakat war schon blöd. Es gab genug Getuschel in der Nachbarschaft. Ich will, dass die Polizei das Problem in den Griff kriegt.«

Wenn man bei der West Midlands Police anruft, wird man höflich behandelt, mit der Pressestelle verbunden, viele Male weiterverbunden, aufgefordert, seine Fragen wieder und wieder zu formulieren, und am Ende hat man so etwas wie zwei Antworten beziehungsweise keine. Erstens: Die Sache stimmt leider, tja. Zweitens: Mehr sagen wir nicht. Eine freundliche Dame aus der Pressestelle ging immerhin so weit, Computer- und Navigationsprobleme generell als »irgendwie mysteriös« zu bezeichnen. Daraus spricht eine große Gelassenheit, einerseits. Aber die Pressesprecherin wurde auch nicht Nacht für Nacht aus dem Bett gerissen.

Dillon und Louise wollten schon ausziehen, das Haus verkaufen, 130.000 Pfund wäre es wert. Aber sie wären gesetzlich verpflichtet, erfuhr Dillon, die potenziellen Käufer in die leidige Geschichte einzuweihen, andernfalls wäre es das Verschweigen eines schwerwiegenden Mangels. »Wer will so ein Haus?«, sagt Dillon. Und nach einer Pause: »Pech für mich«, was ebenso traurig ist wie wahrscheinlich zutreffend, denn beim letzten Besuch, sagt Dillon, hätte einer der Polizisten ihm zugeraunt, dass ein Ende nicht abzusehen sei.

Das gierige Gehirn

Salt Lake City, USA

Kim Peek: keine Freunde, keine Kinder, keine Frau, er hatte noch nie Sex in seinem Leben, er weiß gar nicht, was das ist. Er ist 51 Jahre alt. Seine Waden sind dürr wie zwei Stöcke. An einen Führerschein war nie zu denken, sein Vater kutschiert ihn. Kims Hände sind weich, weiß und eiskalt. Er würde in jedem Swimmingpool ertrinken, er könnte keinen Koffer tragen, niemals ein Spiegelei braten. Aber er ist glücklich. Er hat etwas, das alles aufwiegt, mehr wert ist als Sex oder Geld oder etwa Liebe.

Kim Peek hat Antworten.

In der Lobby des Marriott-Hotels von Salt Lake City gibt es einen offenen Kamin, riesengroß, marmorgetäfelt. Morgens um acht werden die Gasflammen angeknipst und züngeln bis Mitternacht akkurat um die metallenen Holzscheitimitate. Vor dem Kamin stehen cremefarbene Sessel, und darin sitzen jetzt Kim Peek und sein Vater Francis, ein weißhaariger Herr, mittlerweile 74, mit freundlichem, dabei stets besorgtem Gesicht. Der Kellner bringt zuckerlosen Saft und treibt sogar salzarme Cracker für Kim auf; aber der will weder essen noch trinken, er stöhnt.

Er schnauft und stöhnt.

Stülpt die Unterlippe vor, ein Speichelfaden hängt daran, er merkt es nicht. Immer wieder versucht er, sich aus seinem Sessel hochzudrücken, immer wieder sackt er zurück, sein Vater redet beschwichtigend auf ihn ein, Kim verschränkt die Hände vor dem Kinn, er wiegt den Oberkörper, schnauft. Vor, zurück, vor, zurück.

»Baaaaah – aaaah ...« Er stöhnt jetzt sehr laut und starrt ins Feuer.

Ein Kellner schaut besorgt herüber.

»Fragen Sie ihn irgendwas«, sagt Francis Peek, der Vater, »schnell, das beruhigt ihn – zum Beispiel nach dem Wochentag, an dem Sie geboren sind.«

»Kim, ich bin am 26. Dezember 1959 geboren ...«

»Samstag«, sagt Kim, »danke schön, dein Vater, Vater, Vater, Kinder, deine Kinder?« Er blinzelt durch seine schwere Hornbrille, seine Augen sind klein und rötlich entzündet.

»Er will noch mehr Geburtsdaten«, sagt Francis Peek. Er betrachtet seinen Sohn, besorgt, zärtlich, stolz.

»Okay, Kim, mein Vater wurde im Jahr 1923 geboren, am 16. Juni ...«

»Ein Samstag, danke schön.«

»... und mein älterer Sohn am 13. Februar 1996 ...«

»Dienstag«, sagt Kim Peek, »und wenn er in Rente geht, 13. Februar 2061, wird es ein Sonntag sein.« Die Antworten kommen schnell, anscheinend mühelos – und sie stimmen.

»Kim, wie viel ist 4397 mal 8915?«

»Baaaah – aaah – ich rechne nicht gern«, er schnauft, »vielen Dank, drei, neun, eins, doppelneun, zwei, doppelfünf, aber uuuuh – ich rechne nicht gern.« Der Kellner ist leise nähergetreten; er wird heute Abend was zu erzählen haben.

39 199 255: Kim Peek hat dieses Ergebnis nicht ausgerechnet, sondern hervorgeholt, so als sähe er es. Seine taschenrechnerhafte Fähigkeit, vor allem in der Kalender-Kalkulation, umfasst einen Zeitraum von etwa 4000 Jahren, sie ist unzählige Male getestet und verglichen worden; Kim vertut sich praktisch nie, und er ist viel schneller als ein Mathematiker.

»Erzählen Sie ihm, wo Sie leben«, sagt Francis Peek.

»Kim, ich komme aus Hamburg, das liegt im Norden von Deutschland ...«

»Danke schön, Hamburg: Mitglied der Hanse, 1510 Reichsstadt, 1558 Börsengründung, 1678 die erste Oper, 1871 Beitritt zum Deutschen Reich, 17 Jahre später zum Zollverein, aber vorher, 1842, ein Feuer, nicht so wie hier ...« Er deutet zum Kamin. »Sondern ein schreck-, schreck-, schreckliches Feuer, es brach aus am 5. Mai 1842 ...«

Seine Stimme wird schrill, das Stöhnen setzt wieder ein.

»Welcher Wochentag war das, Kim?« Sein Vater unterbricht ihn.

»5. Mai 1842, Donnerstag, danke schön.«

Kim Peek ist plötzlich ganz ruhig. »Schöne Flammen hier«, sagt er, »bewegen sich regelmäßig, es ist ein, ein, ein ...«

»Ein Muster?«

»Danke schön.«

Er schaut in die Flammen, seine Augen zucken, aber er sieht glücklich aus.

»Kim, wie rechnest du diese Kalenderdaten aus, wie machst du das?«

Er schweigt. Scheint gar nicht zugehört zu haben. Sein Vater antwortet: »Niemand kann das erklären, er am wenigsten. Für ihn ist es wahrscheinlich seltsam, dass wir diese Fähigkeit nicht haben. Er speichert Informationen aus etwa 14 Gebieten, neben Kalenderrechnen kennt er auch Geschichtsdaten, Busverbindungen, das Straßennetz in den USA und Kanada, die Telefonvorwahlen, Postleitzahlen, aber er braucht dringend Output, er will gefragt werden ...«

»Kim, ich fliege morgen nach Boston ...«

»Ah, gut, morgen, Donnerstag.«

Seine Stimme klingt monoton.

»Genau. Von dort fahre ich in einen Ort namens Lovell, bei Fryeburg im Bundesstaat Maine ...«

Kim unterbricht, schnarrt: »Lovell, von Boston, Logan Airport, die Route 128 nach Norden, bis zur Route 95 nach New Hampshire, vielen Dank, Route 16, 113, die Orte heißen Conway, Fryeburg, Lovell, Vorwahl 207, P-P-Postleitzahl 04051, vielen Dank.«

Francis Peek lächelt. »Sie können alles nachprüfen, es wird stimmen. Er kann auch Baseball-Ergebnisse, etwa 40 Jahre zurück, oder Geografie, afrikanische Städte ...«

Der Kellner steht jetzt direkt neben uns, er starrt Kim Peek an wie den menschlichen Routenplaner, wie ein Wunder.

»Sie nennen ihn Kimputer«, sagt Francis Peek genüsslich, »er liest einfach alles, liest bis zu zehn Stunden am Tag. Und sein Gehirn ist ein Lagerhaus. Aber ein sortiertes: Er hat Zugang zu allem, es strengt ihn nicht im Geringsten an.«

Kim starrt in das Kaminfeuer, Francis Peek streichelt die Hand seines Sohnes.

»Stimmt's, Kim, du gibst gern Antworten?«

»Morgen ist Donnerstag«, sagt Kim, seine Stimme ist leiernd, »i-i-ich liebe Fragen, ich liebe Antworten, vielen Dank.«

*

Dr. Darold Treffert hat eine Menge Freunde, vier wohlgeratene Kinder und eine charmante Frau. Sie heißt Dorothy, sie spielt konzertreif Klavier und erfüllt das Haus am See von morgens bis abends mit Polonaisen von Chopin und mit Brahms-Sonaten. Nichts fehlt Darold Treffert zu seinem Lebensglück, fast nichts.

Außer einer Antwort. Einer Antwort, Kim Peek betreffend – zum Beispiel.

Treffert ist 67 Jahre alt; bis vor Kurzem war er Chef der psychiatrischen Abteilung am St.-Agnes-Hospital in dem Städtchen Fond du Lac, im Bundesstaat Wisconsin, dreieinhalb Flugstunden von Salt Lake City und Kim Peek entfernt. Er ist groß, schlank und immer noch sportlich, und in seinem Arbeitszimmer hängt eine goldene Plakette, die ihn als einen von hundert *Best Doctors in America* ausweist. Aber es gibt Tage, da sitzt er in seinem Arbeitszimmer, oben im Musikzimmer bearbeitet Dorothy den schwarzen Steinway-Flügel, und blickt hinaus auf den kleinen Wasserfall auf seinem Grundstück und grübelt, ob er noch ein Buch schreiben sollte – über die Kim Peeks dieser Welt. Behinderte mit einer Inselbegabung, sogenannte Savants: Sie sind das Thema seines Lebens.

Früher sagte man unfreundlich »Idiots savants«, also »wissende Idioten«: Leute, die keine Straße überqueren können, aber 26 Sprachen sprechen; die einen Zeichentrickfilm wie *Das Dschungelbuch* nie im Leben kapieren, aber für einen Zeitraum von etwa 40 000 Jahren den Wochentag errechnen können. Schaltjahre inbegriffen. Menschen, die Mühe haben, ihren Namen zu krakeln, aber das British Museum in allen Details nachzeichnen können.

Treffert hat sie fast 40 Jahre lang studiert, behandelt, gefilmt. Er weiß, dass das Savant-Syndrom oft mit Autismus einhergeht, dass es Männer sechsmal so häufig wie Frauen trifft, dass es nicht mehr als schätzungsweise 100 Savants gibt.

Die Kim Peeks dieser Welt – Treffert findet sie wunderbar, sie sind so arglos, schutzlos, so weltentrückt und talentiert.

»Savants«, sagt er leise, »zeigen uns die Empfindsamkeit des Gehirns und seine Schönheit.«

Aber wie? Wie zum Beispiel speichert Kim Peek seine unzähligen Antworten, die ihn so glücklich machen? »Das ist die 65-Millionen-Dollar-Frage«, sagt Treffert und blickt aus dem Fenster.

Auch Kim Peeks Biografie hat Treffert minutiös dokumentiert, vor allem die beiden großen Tage in Kims Leben: sein Coming-out und den »Dustin-Tag«, wie Kim sagt, die Begegnung mit Dustin Hoffman.

Sein Coming-out ereignet sich Weihnachten 1962.

Bis dahin haben Francis Peek, der erfolgreich eine Werbeagentur in Salt Lake City betreibt, und seine Frau sich damit abgefunden, dass ihr erstes von drei Kindern so albtraumhaft behindert ist.

Kims Kopf ist seit der Geburt um ein Drittel größer als bei normalen Kindern, die Nackenmuskeln können das Gewicht nicht halten, er scheint ständig Schmerzen zu haben und schreit als Säugling, bis er nur noch krächzen kann. Beim Laufen und Sprechen liegt er um Jahre zurück, dafür hat er sonderbare Gewohnheiten wie Papierschnipsel sortieren, und dabei darf man ihn nicht stören, sonst wird er hysterisch.

Am Weihnachtsabend 1962, Tanten und Onkel sind da, Kims Geschwister sagen artig Verslein her, da tritt plötzlich Kim vor. Ohne Vorwarnung rezitiert er die Weihnachtsgeschichte, Lukas, Kapitel 2, von Kaiser Augustus bis zu den Hirten, und zwar wortgetreu. »Er hatte den Text in der

Kirche gehört und abgespeichert«, sagt Francis Peek. »Als ob er uns sagen wollte, hey, Leute, bitte unterschätzt mich nicht.«

Das tun sie nicht. Seine Eltern fördern ihn, versorgen ihn mit Fakten. Bis heute hat Kim etwa 7600 Sachbücher gelesen – Romane sind für ihn völlig unverständlich –, dazu Fahrpläne, Adress- und Telefonbücher, das Allermeiste hat er sich gemerkt, es entspricht dem Inhalt von etwa 190 Umzugskartons voller Bücher.

Diese Zahl kann man sich auf der Zunge zergehen lassen.

Nebenbei hat er 17 große Kladden gefüllt mit seiner pedantischen, linksgestellten Bleistift-Schrift: Amerikaner, quer durchs Land, mit denselben drei Endziffern ihrer Telefonnummer. Kims Gehirn giert nach Arbeit.

Und es war wohl nur eine Frage der Zeit, bis Hollywood ihn entdeckte.

Kim ist 33 Jahre alt, als er dem Drehbuchautor Barry Morrow über den Weg läuft, auf einer Tagung der National Association for Retarded Citizens, des amerikanischen Behindertenverbandes. Morrow hat schon eine TV-Serie über einen Behinderten geschrieben, aber so etwas wie Kim hat er noch nie erlebt. Was für ein Mensch! Und welch ein Stoff! Zwei Jahre später liegt das Drehbuch vor, Arbeitstitel: »Rain Man«. Sechs Monate darauf fliegen Francis und Kim Peek erster Klasse nach Los Angeles, zu einer Verabredung mit Dustin Hoffman.

Für die beiden ist es eine Reise ins Märchenreich; für Dustin Hoffman ist es Arbeit. An Kim studiert er Gesten, Ticks, er fühlt sich ein in das Dasein eines Savants. »Bei der

Filmpremiere«, sagt Francis Peek, »dachte ich, dass Dustin meinen Sohn besser begriffen hat als ich.«

Am Ende bedankt sich der Oscar-Gewinner mit einer charmanten Wendung: »I may be the star«, sagt er zu Kim, »but you are the heavens.« Übersetzt heißt das: Ich bin vielleicht der Stern, aber du bist der Himmel.

Als Schauspieler das Denken und Fühlen eines Savants abzubilden, ist eine brillante Leistung. Nur eins ist womöglich noch schwieriger: einen Savant zu verstehen. In sein Gehirn zu blicken.

Hirnforscher kennen zwar die Regionen des Hirnes und können sie kartografieren: Kortex, Thalamus, Amygdala, Substantia nigra und so weiter. Sie können auch Wüstenmäuse konditionieren oder in Computern neuronale Netze designen, die das Lernverhalten eines Gehirns simulieren. Aber das System als Ganzes bleibt ihnen ein Rätsel. »Uns fehlt das Big Picture«, sagt Treffert, »trotz 15 Jahren angestrengter Forschung.«

Was man immerhin weiß: dass dieses graue, wattige Organ, durchschnittlich 1300 Gramm schwer, seit 30 000 Jahren fast unverändert, durchsetzt mit chemischen und elektrischen Synapsen, abgefüllt mit Neuromodulatoren wie Dopamin, Serotonin, Acetylcholin und Noradrenalin – dass das Gehirn demokratisch organisiert ist. Wobei es wahrscheinlich eher umgekehrt ist: Demokratie und Staatenbildung als soziale Umsetzung von Hirnstrukturen.

Jedenfalls funktioniert das Gehirn wie ein idealer Staat, mit Checks und Balances, Exekutive und Aufsichtsgremien. Bewusstes Denken ist ein exekutiver Vorgang, mit Planung,

Vorbereitung, Kontrolle. Zum Beispiel das Aufstellen einer Einkaufsliste fürs Wochenende: Tee, Brot, Käse.

Dieser Prozess findet vor allem auf der Großhirnrinde statt, vorwiegend auf dem präfrontalen Kortex, in Stirnhöhe. Der Vorgang umfasst Einzelvorgänge wie den prüfenden Blick in den Kühlschrank, den Check-up im Erinnerungsspeicher, wie viel Brot man übers Wochenende brauchen wird; dieser banale Denkvorgang ist in Wahrheit eine große Vernetzungsleistung. Und er ist zudem gefährlich: Denn die Nervenzellen, einmal erregt, haben die Neigung, immer weiterzufunken, sie wollen andere Nervenzellen erregen – wollen sich synaptisch verzweigen, Assoziationen bilden, kaskadenweise.

Man notiert »Tee« und denkt: Was braucht man sonst noch? Vielleicht ein neues Teeservice? Und eine dazu passende Vase, aber in eine Vase gehören Blumen, apropos Blumen, der Garten sieht trübe aus, ein neuer Rasenmäher wäre nicht schlecht, oder kann man den alten reparieren, wo bekommt man eigentlich Zündkerzen für Rasenmäher ...? Und so würde, ohne Bremse, das Gehirn immer weiter rattern. »Epileptisch«, sagt der Tübinger Neurobiologe Niels Birbaumer, »der Cortex cerebri will denken, denken, bis er auseinanderkracht, bis er explodiert – also muss er kontrolliert werden.«

Diese Denkhemmung läuft über Substanzen, die von Arealen wie Thalamus, Striatum und Nucleus niger ausgeschüttet und über das Basalgangliensystem geleitet werden, wo nochmals sortiert, selektiert, kontrolliert wird. Ein gesundes Gehirn hält sich eine Art Magazinverwalter: Was man benötigt, wird ins Ausgabefach gelegt; mehr nicht. Die

Savants hingegen, vermutet man, kennen weder Ausgabefach noch Magazinverwalter, sie leben ständig im Lagerhaus ihrer Erinnerung, umgeben von ihren Schätzen. Zahlen, mathematische Strukturen, Bilder. So lebt Kim Peek – oder auch Stephen Wiltshire.

*

An einem warmen, sonnigen August-Tag 2001 steigen zwei BBC-Reporter und ein junger Schwarzer mit einer Basecap in einen Hubschrauber. Sie planen ein Experiment: eine Sightseeingtour über London.

Die Versuchsperson ist der junge Mann mit der Basecap, Stephen Wiltshire, 29 Jahre alt, geistig zurückgeblieben. Sein Job: aus dem Fenster gucken. Der Hubschrauber steigt auf, knattert über die Innenstadt. Wiltshire sitzt links am Fenster, noch nie hat er London von oben gesehen, aber er kennt die Sehenswürdigkeiten: Da hinten, zählt er mit leierner Stimme auf, ist die St. Paul's Cathedral, die Themse, die Tower Bridge und so weiter. Sekündlich etwas Neues, ständig wechselt die Perspektive.

Anschließend verfrachtet man Wiltshire auf eine Wiese. Dort steht unter Obstbäumen ein kleiner Klapptisch. Wiltshire kriegt ein großes Blatt Papier, einen Bleistift, einen Filzstift.

Und in den folgenden drei Stunden zeichnet er – ohne ersichtliche Mühe – ein exaktes Luftbild von London. Er beginnt rechts oben und arbeitet sich von der hinteren Horizontlinie nach vorn, schon das ist ungewöhnlich, mit hypnotischem

Gleichmut kritzelt die Filzstiftspitze übers Papier, quietschend fügt sich Detail an Detail, Fenster, Türme, Simse, Streben.

Er zeichnet nicht, er druckt das Bild aus.

Der Ausschnitt umfasst eine Fläche von etwa zehn Quadratkilometern mit zwölf Sehenswürdigkeiten, etwa 200 weiteren Gebäuden, alles am richtigen Platz, in der korrekten Perspektive.

Wie bei jedem Menschen waren auch bei Stephen Wiltshire die wahrgenommenen Bilder im Hinterkopf gespeichert, und zwar im visuellen Kortex, einem Rinden-Areal von etwa drei Quadratzentimetern, mit drei bis vier Milliarden Zellen. Während des Hubschrauberflugs sind von der Netzhaut zahllose Einzelbilder dorthin gesendet worden, Stephen Wiltshires Gehirn hat diese Eindrücke mit seinen Gedächtnisaufzeichnungen von London verglichen und mithilfe des Hippocampus-Areals zu einem räumlichen Gesamtbild zusammengesetzt. Was Stephen Wiltshire von Normalsterblichen unterscheidet, ist der frappierende Zugriff auf sein Gedächtnis. Er sieht dauerhaft, was er gespeichert hat.

Dieser Gedächtniszugang ist nur die Folge, der Nebeneffekt, einer bei jedem Savant unterschiedlichen Behinderung; nicht zu verwechseln mit der Krankheit selbst. Ein Savant-Gehirn kann die unterschiedlichsten Leistungen erbringen: Geschichtsdaten, Verkehrsanbindungen und Kalenderrechnen wie bei Kim Peek, visuelle wie bei Wiltshire – oder auch sprachliche wie bei Christopher Taylor.

*

Taylor ist 40 Jahre alt, er lebt in einer beschützten Wohngruppe in einer Kleinstadt im Nordosten Englands. Hier arbeitet er gern im Garten, und freitags setzt er seine graue Lieblingspudelmütze auf und marschiert in den Pub, auf ein kleines Guinness, höchstens zwei. Der Pub ist 200 Meter von seinem Wohnheim entfernt, ohne Begleitung würde er sich wahrscheinlich verlaufen, jedenfalls ängstigen. Aber er spricht, liest, schreibt Dänisch, Holländisch, Finnisch, Französisch, Deutsch, Griechisch, Hindi, Italienisch. Außerdem Norwegisch, Polnisch, Portugiesisch, Russisch, Spanisch, Schwedisch, Türkisch und etwas Walisisch. Er freut sich über Besucher, vor allem, wenn sie ihm eine griechische Tageszeitung mitbringen oder ein polnisches Taschenbuch oder den aktuellen *SPIEGEL*, dann begrüßt er die Besucher mit röhrendem Jubel: »Wörter, Wörter, gebt mir Wörter!«

Woher nehmen die Savants ihre Fähigkeit? Die Frage ist naheliegend und trotzdem falsch. Hirnforscher fragen andersherum: Warum können wir Normalsterblichen nicht, was Savants können? Schließlich ist der Gedächtnisaufbau bei allen Menschen derselbe, angelegt in der Großhirnrinde, die etwa 100 Milliarden Nervenzellen umfasst, sodass deren Ausleger, die synaptischen Dornen, auf schätzungsweise eine Trillion Kombinationen kommen: eine Eins mit 18 Nullen, ein organischer Mega-Store.

Hier hat alles Platz, was wir erleben: Jeder Tag, jede Szene, jedes Bild, von der Kindheit bis heute, ist gespeichert – die Bilder sind nur nicht abrufbar, sie sind so dicht komprimiert, dass sie unzugänglich bleiben. Das macht Sinn. Um unwichtige von wichtigen – also überlebenstauglichen – Informationen zu trennen, hat das Gehirn im Laufe seiner Evolution vor allem drei Methoden entwickelt.

Wiederholung, Verknüpfung und – vor allem – emotionale Bedeutung: So funktioniert die Markierung wichtiger Bits. Kein Mensch würde sich den Namen seines Flugkapitäns merken, der ihn von Frankfurt nach New York befördert. Doch würde dieser Pilot unterwegs eine dramatische Notlandung hinlegen müssen, auf einem Eisberg, verknüpft mit den Sensationen einer nächtlichen Bergung, würde das Passagiergehirn Tausende von Zellkernen aktivieren, Proteine produzieren, und jedes Mal, wenn man die Geschichte erzählte, würde der Name des Flugkapitäns aufgerufen, das Gehirn würde die Verbindung verstärken, noch im Altersheim könnte man mit der Story Eindruck machen.

Emotionale Bedeutung ist eine clevere Strategie. Die Filterung von Gedächtnis-Bits gewährleistet Auswahl und damit Präzision, trotz ungeheurer Kapazitäten.

Andererseits macht dieser Mechanismus das Lernen mühevoll. Könnte man diesen Filter manipulieren, nach Bedarf dimmen, könnte jeder Normalsterbliche womöglich im Handumdrehen Französisch lernen, mühelos Chopin klimpern, vielleicht ein kreatives Potenzial freilegen.

Zu schade, dass es nicht geht.

Es kann gehen, sagen Wissenschaftler.

*

Ein normaler Arbeitstag im Leben des Physikprofessors Allan Snyder sieht so aus: gemütlich ausschlafen, dann 1200 Meter

Brustschwimmen, und nach dem Frühstück wird gearbeitet bis drei Uhr nachts. Snyder, preisgekrönt und einer der originellsten Forscher Australiens und Direktor des Centre for the Mind in Sydney, interessiert sich für praktisch alles auf dieser Welt. Für hochkomplexe Lichtwellenmodelle, Thema seiner Habilitation, ebenso wie für Mode und Imitationsverhalten. Am meisten aber, seit nunmehr 16 Jahren: für Savants.

Snyder ist ein schlanker, temperamentvoller Mann Mitte 50. Mit Vorliebe trägt er eine schwarze Kappe, die ihm seine Freundin auf dem Pariser Gare de l'Est geschenkt hat; er ist ein bisschen kauzig, ziemlich fröhlich und, wie sein Mentor, der Neurologe und Bestsellerautor Oliver Sacks, betont, »absolut brillant«.

Allan Snyder ist der Mann, der die Genie-Formel sucht.

Seine Vision: dass wir, die Normalsterblichen, von den retardierten Genies lernen sollen. »Savants zeigen uns«, sagt Snyder, »wer wir wirklich sind – wer wir sein könnten.« Snyders These deckt sich in weiten Teilen mit dem, was auch weltweit renommierte Verhaltensphysiologen und Neurobiologen wie Gerhard Roth oder Manfred Spitzer inzwischen über das Gehirn des Menschen wissen: Die Strategie, sich nur an bedeutende Ereignisse zu erinnern, verhindert den Zugriff auf den vollen Datensatz, auf das, was der Mensch eigentlich weiß.

Snyders Problem ist nur: Wie kann man diese Filter und Hemmungsmechanismen reduzieren, ohne die chemisch-elektrische Balance des Hirnes zu gefährden? Wer will schon Walisisch sprechen, wenn er dafür Gefahr läuft, verrückt zu sein? »Dieses Problem«, sagt Snyder, »werden wir lösen.«

Vor Kurzem haben Snyder und sein Sechs-Mann-Team aus Neurophysiologen, Bio-Ingenieuren und Ärzten ein aufwendiges Forschungsprojekt beendet. Sie haben ein Jahr lang im Keller der University of Sydney einige Hundert Probanden mit »Transkranialer Magnetstimulation« (TMS) behandelt, einer seit einigen Jahren gebräuchlichen Diagnose- und Forschungsmethode, die bestimmte Hirnregionen stimuliert und andere verlangsamt.

Snyders Ziel: bestimmte neuroelektrische Muster zu unterdrücken und dafür andere freizusetzen – und dabei wurden die geistigen Fähigkeiten getestet. Zum Beispiel mussten die Versuchspersonen Katzen und andere Tiere zeichnen, mussten Primzahlen erkennen, Lesetests absolvieren. »Ihre Kreativität«, berichtet Snyder, »stieg um 40 Prozent, die Versuchspersonen unter TMS-Einfluss dachten weniger vernunftgesteuert, weniger konzeptuell, und nicht so sehr in festen Bahnen. Sie hatten besseren Zugriff auf ihre unbewussten Reservoirs.«

Er zögert, sagt dann: »Sie waren für einen Moment wie Savants.« Und Oliver Sacks, der sich auch selbst unter Snyders Obhut den Stimulationshelm aufsetzte, formuliert es so: »Das Ganze könnte auf eine Sensation hinauslaufen.«

Snyder träumt von einer Denk-Kappe, mit der kreatives Potenzial und Lernvorgänge verbessert werden. »Klingt nach Science-Fiction«, gibt er zu, »aber wer hätte sich vor 30 Jahren etwas wie das Internet vorstellen können? Außerdem, wenn man etwas Neues macht, sagen alle: unmöglich. Wenn man zeigt, dass es möglich ist, heißt es: ist doch nicht bewiesen. Wenn man es beweist, heißt es: ist alles nichts

Neues.« Er lacht, er blättert in seinen Testergebnissen, die demnächst veröffentlicht werden sollen, er hat gute Laune.

Noch gibt es keine snydersche Denk-Kappe zu kaufen, noch fehlt den Hirnforschern das Big Picture vom Gehirn, und noch sitzt Darold Treffert, der Savant-Forscher aus Wisconsin, in seinem behaglichen Arbeitszimmer in Fond du Lac, schaut auf das Wäldchen und den kleinen Wasserfall auf seinem Grundstück, während er eine CD in den Händen hält.

Er hat die CD neulich zugeschickt bekommen, von der Mutter eines Savants, eines kleinen Jungen, der Klavier spielt. Treffert kennt viele Klavier-Savants, sie können Tausende von Stücken auswendig vortragen, aber fast alle spielen hölzern, mechanisch, ausdruckslos. Was Klavierspiel angeht, ist Treffert von seiner Frau Dorothy verwöhnt; er hegt also keine hohen Erwartungen, als er die CD einlegt. Doch dann hält er den Atem an.

Und denkt: wow.

Aufgeregt holt er seine Frau: »Dorothy, das musst du dir anhören.« Es ist ein Jazz-Trio: Piano, begleitet von Bass und Schlagzeug. Die rechte Hand perlt über die Tastatur, dazwischen prächtige, auftrumpfende Akkordfolgen, und dann wieder improvisiert der Pianist zart und transparent, wie in Trance.

Die beiden hören zu. »Das ist gut«, sagt Dorothy nach einer Weile. »Nicht nur gut, es ist – fantastisch. Wer ist das?«

»Ein Savant«, sagt Treffert.

»Das glaube ich nicht.«

»Na ja, es ist eigentlich nur ein kleiner Junge, elf Jahre alt.«

Und so beschließt Darold Treffert, vielleicht doch noch ein Buch zu schreiben: ein Buch über den kleinen, knochigen, bebrillten Jungen Matt Savage, der das absolute Gehör hat, mit sechs Jahren Klavier spielen lernte und schon mit neun so farbig und leuchtend komponiert und improvisiert, dass Dave Brubeck und Chick Corea ihn zum Jahrhunderttalent erklären.

Vielleicht findet Treffert hier die Antwort, die er sucht.

Er hört die CD, wo er kann, vor dem Frühstück und abends im Auto. Er hört zu und sieht so zufrieden aus, als hätte er die Antwort schon gefunden.

Fünf Tage, fünf Nächte

Boskamp, Surinam

Rivano will nicht mit zur Kirche, wieder mal, die Großmutter wird wütend: »Wasch die Hände, zieh ein Hemd an, wir warten ...«

»Nee, muss noch trainieren«, murrt er.

Rivano Cabenda: elf Jahre alt, dunkle Locken, dunkle Haut. Ein freundliches Gesicht, afro-indianisch, ein Lächeln mit Zahnlücke; den Schneidezahn hat er bei einem Fußballspiel verloren. Ein stämmiger Junge, Mittelstürmer, nicht groß für sein Alter, aber muskulös. Seine Vorbilder: Ronaldo, Ronaldinho, Rijkaard, Kluivert, Seedorf, Roberto Carlos, in dieser Reihenfolge. Sein Lieblingsessen: *pepre watra*, Fischsuppe mit Tomaten, Bananen, Peperoni, schön scharf, eine Spezialität in Surinam. Niemand, findet er, kocht das besser als seine Großmutter, er liebt sie sehr, aber die Kirche hasst er. »Langweilig dort«, sagt er.

Es ist noch hell an diesem 31. Mai, aber es hat aufgehört zu regnen. Die Bananenplantagen dampfen.

»Langweilig? Du willst deinem Schöpfer nicht mal danken, der dich leitet und behütet, der dir Schutzengel schickt ...?«

Rivanos Onkel mischt sich ein, ein ebenfalls kräftiger Mann, gutmütig, Antonius van der Bosch sein Name. Surinam ist das ehemalige Niederländisch-Guayana, und die holländischen Namen erinnern heute noch daran, dass hier Nachkommen von Sklaven leben.

»Der Junge kann doch mit zum Fischen gehen. War Jesus nicht auch ein Fischer?«

»Du verwechselst alles«, sagt Rivanos Großmutter, »aber gut, meinetwegen, seid vorsichtig.«

Um sechs Uhr abends brechen Rivano und sein Onkel von Boskamp aus auf. Etwa eine Stunde Fußmarsch ist es bis zur Mündung des Coppename. Dort liegt van der Boschs Boot, ein Kanu mit Außenbordmotor, acht Meter lang, eineinhalb Meter breit, der blaue Anstrich verblichen. Rivano ist zum ersten Mal dabei. »Es wird dir gefallen«, sagt sein Onkel, »wirst sehen, es ist jedes Mal anders.«

Der Coppename entspringt im Süden, im Wilhelmina-Gebirge, vier Breitengrade über dem Äquator. Er fließt in nordöstlicher Richtung und mündet in den Atlantik. Das Delta ist mehr als einen Kilometer breit, das Wasser braungrün, an den Ufern Mangroven, Regenwald. Unter Sportpiloten ist das Coppename-Delta gefürchtet: Wolkenbänke, Luftwirbel, Sturmböen.

Gegen acht Uhr werfen sie die Netze aus. Das Wasser ist kabbelig. Rivano wird übel, speiübel. »Dann leg dich hin und schlaf«, sagt sein Onkel. Das ist gegen elf Uhr.

Rivano erwacht etwa eine Stunde später, ein Schlag zertrümmert das Boot, eine Welle kracht auf ihn, schleudert ihn fort. Er wird runtergedrückt, kommt hoch, schluckt Wasser, salziges, hustet. Schwimmt verzweifelt, schreit. Ruft nach seinem Onkel. Hört ihn antworten. Aber er kann nicht verstehen, was er ruft, ihn nicht sehen, um ihn nur Dunkelheit und Wasser, und bald hört er ihn auch nicht mehr. Er spürt, wie er fortgetrieben wird.

Irgendwas ist neben ihm, ein Stück Bootsplanke, er packt es, einen Meter lang, 30 Zentimeter breit, ein Stück vom Kanu, daran klammert er sich fest: sein einziger Halt in diesem Tosen und Klatschen, in der Neumondnacht des 31. Mai. Es regnet.

In Boskamp wachen Rivanos Großeltern. Sie sind wie seine Eltern, haben sich um ihn gekümmert, seit Rivanos Vater starb und seine Mutter einen anderen Mann heiratete. Draußen stürmt es. Sie sitzen da, krank vor Sorge, sie warten.

Der nächste Morgen. Die Sonne geht auf, Rivano erschrickt. Das Wasser ist blau: ein schlechtes Zeichen. Er ist auf dem offenen Meer. Rivano ist kein schlechter Schwimmer, aber die Wellen sind meterhoch. Er hat auch keine Ahnung, in welche Richtung er schwimmen sollte, Himmelsrichtungen, Geografie, das sagt ihm nichts. Er versucht, sich hochzustemmen, aber da ist nur Wasser, überall. Rivano kann nur eines: sich festhalten.

So treibt er dahin. Die Wassertemperatur des Guayana-Stromes vor der Küste von Surinam liegt bei 28 Grad, aber Rivano zittert, sein Körper wehrt sich gegen die schleichende Auskühlung. Es wird Abend, Nacht, es regnet, brausend, die See ist der Himmel, der Himmel die See, kein Unterschied. Und Rivano mittendrin, ein Molekül, dabei entsetzlich durstig. Irgendwo unter ihm, in der blauen Tiefe, ziehen Schwarznasenhaie und Glatthaie dahin, paddeln Lederschildkröten. Er hält sich fest an seinem Stück Holz. Denkt an seine Großmutter. Ab und zu ruft er krächzend um Hilfe, »me begi yep«, einfach nur so.

Der Onkel hat sich retten können, zwei Tage später ist er zu Hause. Ein Suchtrupp zieht los, aber der findet nichts. Die Großmutter betet und weint.

Am dritten Morgen sieht Rivano Fregattvögel, anscheinend jagen sie Fische, aber genau kann er es nicht erkennen, das Salz und die Sonnenreflexe haben ihn halb blind gemacht. Er hört ihre hohen Schreie, er denkt: Ich will heim.

Fünf Tage, fünf Nächte. Zittern, frieren, dämmern. Das Schlimmste ist der Durst. Wenn es regnet, reißt Rivano den Mund auf, leckt die Tropfen von seinen Schultern. Ja kein Salzwasser trinken! Wenn er einzuschlafen droht, reißt ihn der Schreck immer wieder hoch: Ich muss heim, die Großmutter!

Der Guayana-Strom hat eine Geschwindigkeit von zwei Knoten, knapp vier Stundenkilometer. Am Morgen des sechsten Tages treibt Rivano in die Mündung des Corentyne, etwa 130 Kilometer westlich. Er krabbelt ans Ufer, rasende Kopfschmerzen, die Nieren schmerzen, aber er lebt. Er fällt hin, schläft ein und träumt, er träumt von seiner Großmutter.

Stofftiere

West-Kootenay, Kanada

Sie hatten einen Tipp bekommen. So lief es meistens, ein Hinweis von der Straße, ein Dealer, der einem Konkurrenten schaden wollte, das Angebot verknappen, es konnte 1000 Gründe geben, wusste Jack, jedenfalls machten sie sich bereit.

Sie fuhren mit drei Wagen. Übliche Bewaffnung: Shotguns und Neun-Millimeter-Pistolen. Kein Hubschrauber diesmal, sie wussten ja, wohin sie wollten, zum Christina Lake, es gab nur eine Zufahrtstraße. Einsätze wie dieser waren beinahe Routine. Nur dass es dieses Mal gegen die Bären-Lady ging. Und das nagte an Jack.

Die Bären-Lady war eine Legende in West-Kootenay, im Südwesten von Kanada, man nannte sie so, weil sie sich angeblich immer für das Wohl der Bären eingesetzt hatte, die in dieser Gegend leben. Sie war so etwas wie eine Heilige der Naturschützer, Jack hätte sie nie verdächtigt, und jetzt wusste er nicht, was er von dem Hinweis halten sollte.

Die Bären-Lady baute Marihuana an.

Constable Jack MacBride, 42 Jahre alt, geboren in Quebec, stark und sportlich, mit freundlichem Lächeln und kurz geschorenem Haar, war seit 22 Jahren im Dienst der Royal Canadian Mounted Police. Jack hatte aufgehört, die Einsätze gegen Drogenanbau zu zählen, eine Unmenge von illegalen Marihuana-Farmen gab es hier, die Täler sind tief und verschwiegen, das Klima trocken und warm, Dope-Land wird die Region genannt. An 365 Tagen im Jahr kämpfte Jack gegen die Rauschgiftfarmer, einerseits weil es sein Job ist, aber mehr noch aus Überzeugung. Die Natur ist überwältigend, sie ist grandios, warum also Drogen?

Sie sind zu sechst auf der Station, Jack und seine Kollegen. Eigentlich sind sie Polizisten, aber hier, in der Weite und Reinheit der Bergwelt, sind sie auch Wildhüter, Naturbewahrer. Die Natur ist ein Geschenk, sagt Jack, und die Tiere sind es auch.

Der Amerikanische Schwarzbär, *Ursus americanus*, mag die Einsamkeit, gewaltige Reviere, bis zu 100 000 Hektar groß, die er durchstreift, dichte Wälder, seltener Grasland.

Er frisst alles, am liebsten Pflanzen, aber manchmal eben auch Fleisch. Menschen geht er aus dem Weg, meistens, und als Mensch sollte man das gutheißen. Zwar ist ein Schwarzbär kleiner als ein Grizzly, aber er kann immer noch bis zu 300 Kilo schwer werden, ist dabei ungeheuer sprintschnell, mit seinem Gebiss kann er den Unterarm eines Mannes zerkauen wie einen Schokoriegel, er ist ein ausgezeichneter Schwimmer, Kletterer, Killer. Den Angstschweiß, der einem ausbrechen könnte beim Gedanken daran, riechen die Tiere aus vier, fünf Kilometern Entfernung, ihr Geruchsvermögen ist etwa 2100-mal so scharf wie das des Menschen.

Jack hatte hier und da was mitgekriegt von den Geschichten um die Bären-Lady. Sie war nicht mehr jung, früher war sie als Hippie durch die Gegend gezogen, hieß es, und sie kannte sich aus in den Wäldern, kümmerte sich um verletzte Tiere und lebte ganz im Einklang mit der Natur. Wunderbar.

Umso schockierender, sagt Jack, der Anblick, der sich ihm dann bot.

Die Plantage war beeindruckend, über 1000 Pflanzen, übermannshoch, üppig. Auf der Straße, sagt Jack, hatte eine Unze Dope, 31 Gramm, zurzeit etwa einen Wert von 320 Dollar; die Ernte war schätzungsweise über eine Million kanadischer Dollar wert. Neben der Pflanzung stand die Hütte der Bären-Lady. Und dann sahen sie die Pfade, die die Bären getreten hatten, die Tiere mussten hier schon jahrelang leben, und schließlich sahen sie die Bären selbst. Es waren unwirklich viele. Sie schienen fröhlich-vereint hier nebeneinanderher zu leben.

Es war völlig irre.

Jack und seine Leute näherten sich mit Vorsicht. Die Tiere sollten fliehen können, so wie es ihrem Instinkt entspricht. Aber ihre Instinkte schienen den Bären entglitten zu sein, sie schienen die Menschen zu begrüßen wie alte Freunde, sie wirkten *very easy*, sagt Jack.

Mehr als ein Dutzend Tiere zählte er, zwölf easy Schwarzbären und ein paar Waschbären. Die Tiere bewegten sich, als befänden sie sich im Teletubby-Land, als schwebten sie dahin auf Nirwana-Wölkchen aus Tetrahydrocannabinol.

Man fand hinter der Hütte Dosen und Trockenfutter. Die Bären-Lady, erzählte Jack später, hatte die Tiere mit Hundefutter angelockt. Offenbar jahrelang. Ob die Bären tatsächlich Wachdienste leisten sollten, indem sie Wanderer oder Dope-Diebe abschrecken halfen, oder ob sie von der Bären-Lady einfach nur so gehalten wurden, weil sie vielleicht zu viel von ihrem eigenen Zeug konsumiert hatte – das war Jack nicht ganz klar. Für die Tiere jedenfalls war das Angebot aus Hundefutter und gewissen pflanzlichen Wirkstoffen, das sie zuverlässig vorfanden, offensichtlich so überzeugend, dass sie ihr Leben als Einzelgänger aufgaben, einem bedröhnten Miteinander zuliebe.

Constable Jack MacBride war enttäuscht von der Bären-Lady. Er hoffte, dass die Bären den Entzug durchhalten würden, bis zum Winterschlaf. Und im Frühjahr clean sein würden.

Kreuzbergs Wotan

Berlin-Kreuzberg, Deutschland

Er hatte 64 Freundinnen, kleine, scharfe Biester, und nachts stieg er hinab zu ihnen. Er stieg in den Keller der Kloedenstraße 1 a, Berlin-Kreuzberg, vier Stufen unter der Stadt, Fenster in Bordsteinhöhe. Hier, im Schein der Arbeitslampe, betrachtete und streichelte er seine Freundinnen, »das waren Momente«, sagt er, »da war ich glücklich«. Er grinst schief. »Hat nicht jeder Mensch irgendwo sein Geheimnis?«

Das Geheimnis des Werner Brockhoff: 64 Pistolen, davon 20 auf Waffenschein, jedoch 44 selbst gebaut, illegal, Dekorationswaffen, die er scharfmachte. 349 Handgranaten, eigene Herstellung, 176 Kilo Sprengstoff, selbst angemischt, die Maschinenpistole hinterm Kühlschrank, die Winchester, Kaliber 7,62, in dem Fach hinter der Anrichte – und jetzt war alles dahin, lagerte in der Asservatenkammer des Landeskriminalamtes Berlin. Mehr als 130 000 Euro, sagt Brockhoff, seien futsch. »Habe mich in die Scheiße geknallt, auf Deutsch gesagt.«

Brockhoff, 59 Jahre alt, grinst schief, das Lächeln tut weh, die Gesichtshaut ist dünn wie Butterbrotpapier, seine Finger purpurrot und geschwollen, als hätte man sie aufgeblasen. Die Haut stammt von seinen Oberschenkeln und Waden.

»Verbrennungen zweiten und dritten Grades«, erklärt Brockhoff.

Vor sieben Monaten hatte Werner Brockhoff sich in seiner Werkstatt beinahe in die Luft gesprengt, Polizei und Feuerwehr waren angerückt wie zu einem Großbrand, und alles flog auf. Vier Wochen lag er im Unfallkrankenhaus Marzahn. Im September dann der Prozess, vorm Landgericht Berlin. Brockhoff wird vom Richter nach politischen, rechtsradikalen Neigungen gefragt, er verneint, nur das Technische fasziniere ihn. Der Richter fragt: Sind Sie ein Waffennarr? Brockhoff zögert, erwidert leise: ein Liebhaber.

Das Urteil: drei Jahre, drei Monate.

Brockhoffs Liebe zum Knall beginnt im Osten. Der Junge, geboren in Gera-Kaimberg, sein Vater in Russland gefallen, seine Mutter Verkäuferin, ist ein durchschnittlicher Schüler.

Bis ein neues Fach auf den Stundenplan kommt: Chemie. Die anderen Schüler stöhnen, Brockhoff kann sein Glück kaum fassen. »Dass so viel Energie in den Stoffen steckt«, sagt Brockhoff andächtig, »war eine Erleuchtung.«

Die Scheune seiner Großeltern baut er zum Labor um. Er spart für Erlenmeyerkolben, bezieht aus der Drogerie Kaliumchlorat und Gallussäure, legt sich ein Arbeitsbüchlein an, in das er jedes Experiment einträgt. »Am liebsten natürlich solche, wo es rumste.« Das Buch hebt er 47 Jahre lang auf, jetzt ist es konfisziert.

»Stand wohl zu viel Gefährliches drin.«

Brockhoffs Vorbilder: Justus von Liebig und Alfred Nobel.

Zu gern hätte Brockhoff Chemie studiert. Doch er hasst den verordneten Sozialismus der DDR. Stattdessen: eine Maurerlehre, später eine Ausbildung als Dreher. Er heiratet, aus der Ehe stammen zwei Töchter; seine wahre Liebe aber gilt den Explosivstoffen.

Im Jahr 1977 will Brockhoff fliehen. Sein Plan: eine Sprengung im Streckmetallzaun zwischen Thüringen und Bayern. Minen und Selbstschussanlagen würden unschädlich, und er könnte in die Freiheit spazieren. »Die Ladung war einwandfrei, Ammoniumperchlorat und Nitratgemisch, aber det Menschliche hatte ick nicht bedacht – ick wurde verpfiffen.« 1983, nach sechs Jahren Haft, wird Brockhoff nach West-Berlin abgeschoben, und hier arbeitet er als Truppführer bei einer Firma für Munitionsbergung, wo sonst.

Brockhoff zieht ein Fotoalbum aus der Schrankwand. Die Aufnahmen sind akkurat beschriftet: »Hier, 'ne 500-Kilo-Bombe in Tiergarten, mit Säure-Langzeitzünder. Und da – Panzerabwehrgranaten mit Kugelsicherung.« Brockhoff auf den Fotos: Klein, stämmig steht er neben den Funden, mit Helm und Haltung eines Archäologen.

Brockhoff, der Bombenflüsterer.

»Aber befriedigend war's nicht: Nie durften wir dabei sein, wenn gesprengt wurde.«

Befriedigend ist sein Hobby. Waffen bauen, technisch perfekt, und Silvester in den Wald fahren, um es krachen zu lassen. Nach außen unscheinbar, ist Werner Brockhoff insgeheim Herr über Urgewalten; über Blitz, Donner, Kriegsgetöse – der Kreuzberger Wotan.

Am Nachmittag des 31. März, um 16.30 Uhr, geht Brockhoff in die Werkstatt, Handgranaten bauen. Er schneidet ein Gewinde, wäscht das Schneidöl mit Benzin ab, knipst die Lötflamme an – das ist ein Fehler: Brockhoff hatte vergessen, die Benzindose zu schließen. Lötfunken spritzen, das Benzin fängt Feuer, explodiert mit lautem Puff. Eine Flamme steht lodernd über der Werkbank, Brockhoffs Gesicht, Arme, Hände werden im Nu geröstet. Rechts oben, auf dem Schrank, liegt Schwarzpulver – es explodiert. »Mir fiel natürlich gleich ein, was da sonst noch hochgehen könnte.« Nämlich Nitratpulver, Schwefel, Magnesium, Aluminiumpulver, 18 000 Schuss Munition, auf 2,5 mal 3,5 Quadratmetern gelagert.

Zutaten zum Urknall.

Brockhoff taumelt zum Wassereimer. »Den sollte man übrigens immer gefüllt in der Werkstatt haben!« Er löscht das Feuer, obwohl seine Haut in Fetzen hängt, er fast nichts mehr sieht. Als Feuerwehr und Polizei eintreffen, will er die

Angelegenheit noch als kleines Bastler-Malheur darstellen, aber er fällt in Ohnmacht.

»Explosionen sind Urkräfte, da kannste nichts vertuschen«, sagt Brockhoff düster. Aber es klingt auch ein bisschen stolz.

Das nackte Beben

Valencia, Spanien

An jenem Morgen räumte Daniela R., jung und hübsch, wie üblich ihr Frühstücksgeschirr beiseite; wie immer hatte sie etwas Obstsalat, eine Reiswaffel, Kaffee mit Sojamilch zu sich genommen, sorgsam spülte sie Teller und Tasse, knipste das kleine braune Radio aus und stand einen Moment unschlüssig da.

Wo blieb Rafa?

Es war nach neun. Er sollte sie abholen, er hatte sie engagiert, als Background-Tänzerin, es war eine Ehre für sie, fand Daniela, denn sie war erst noch auf dem Weg zum Star, ins Filmbusiness, ins Showgeschäft.

Rafa hingegen hatte schon richtige Filme gemacht, Pornos zwar, aber irgendwo muss man anfangen, und jetzt hatte er diesen Song und Hit, und für den Auftritt an diesem Morgen hatte er Daniela engagiert, Fitnesstrainerin, Striptease-Tänzerin, zurzeit ohne festen Freund, dafür gesegnet mit den Maßen 110-60-90. Wenn man sie fragte, welche drei Dinge sie am liebsten machte, sagte sie: »Fitness, Pediküre, Shopping, Maniküre.« Vielleicht war Daniela R. beim Zählen keine Leuchte, aber sie hatte ein gutes Herz.

Das Telefon fiepte, Rafa rief vom Auto aus an, er würde gleich da sein. Ob sie runterkommen könne?

Daniela schnappte sich die Tasche mit dem Leopardenmuster, die enthielt ihr Kostüm.

Vielleicht war Daniela etwas oberflächlich, aber gutmütig. Das merkte man, wenn man mit ihr sprach, das sagten all ihre Freunde. Sie gab jedem Bettler Geld, war hilfsbereit, und ein hungriges Kätzchen, ein aus dem Nest gefallenes Vogeljunges brachen ihr das Herz.

Wo der Auftritt stattfinden würde, hatte Daniela vergessen. Irgendwas mit Gefängnis.

Sie ließ sich auf den Beifahrersitz fallen, Rafa gab Gas, gegen zehn Uhr waren sie im Cárcel de Picassent, 2441 Inhaftierte. Señor Ramón Cánovas empfing sie, er war der Gefängnisdirektor und überhaupt nicht so, wie Daniela sich einen Kerkermeister vorgestellt hatte, sondern freundlich, höfliche, leise Stimme.

Señor Cánovas hatte den Posten erst seit Kurzem inne. Ursprünglich Universitätsprofessor im Fach Kriminologie, mit Lehraufträgen in Valencia und Madrid, hatte Cánovas sein Leben lang die liberale Linie vertreten – dass man im Strafgefangenen den Menschen sehen möge.

Und Menschen brauchen auch mal Unterhaltung, brauchen ein bisschen Spaß, auch im Gefängnis. Und deshalb war Rafa da, ein Popsänger oder Rapper, den Cánovas hatte engagieren lassen, und auf diese Art war auch Daniela hier gelandet.

Das grüne Stahltor, die grün-weiß getünchten Flure, die stabilen Türen – das alles machte Daniela Angst. Die armen Kerle, die hier eingesperrt waren. Sie rückte näher an Rafa, während Señor Cánovas ihnen den Mehrzwecksaal zeigte, wo der Auftritt stattfinden sollte – vor rund 200 Gefangenen (nicht 300, wie Zeitungen später schreiben sollten).

Später, als aus dem unschuldigen Auftritt eine Art Skandal geworden war.

Die Gefangenen von Block 8 und Block 10, erklärte Cánovas, seien allesamt Burschen, die sich benehmen konnten. Und es sei genug Personal da, Aufseher, Sozialarbeiterinnen, keine Angst also. Und damit verabschiedete er sich zurück an seinen Schreibtisch.

Rafa fummelte am Mikro, Daniela schlüpfte in ihr sexy Krankenschwesterkostüm. Die Gefangenen wurden hereingeführt. Normale Gesichter, eigentlich sogar nette. Die Wärter wirkten schon strenger in ihren blauen Uniformen. Eine kurze Ansage, und es begann, Rafa sang, er sang zur Background-CD, Daniela tanzte, *Doctor Amor* hieß der Song, ein Rap.

Sie spielten drei Lieder. Tosender Applaus – wahrscheinlich gibt es kein dankbareres Publikum als Gefangene. Zugabe. Und noch eine. Aber jetzt war Schluss, Rafa machte Daniela ein Zeichen: *Chica*, danach hören wir auf.

Aufhören? Die Gefangenen taten Daniela plötzlich leid. Was hatten sie schon groß gesehen? Und Daniela hatte so etwas wie einen Einfall.

Sie sprang von der Bühne und schälte sich aus ihrem Krankenschwesterkittel. Weg damit! Kann sein, dass in diesem Moment 200 Männer nach Luft schnappten. Weg auch mit dem weißen Bikini-Oberteil! Es war so etwas wie eine Befreiung. Und sie tanzte.

Die Gefangenen brachen in ein Begeisterungsgetrampel aus, erinnert sich Daniela, Getrampel, als wollten sie die Richterskala knacken. Daniela, das strippende Erdbeben, und auch Rafa wurden von der Begeisterung mitgerissen. Zugabe! Und jetzt zog Daniela ihr Tanga-Höschen aus, es ging leicht, war ein herrliches Gefühl, und sie hielt die Augen die meiste Zeit geschlossen und bewegte sich zur Musik, und wenn sie die Augen öffnete, sah sie die glücklichen Gesichter, so erinnert sie sich.

»Ich sah es als Geschenk.«

Für Señor Cánovas, den Gefängnisdirektor, hatte Danielas Einlage ein sehr unangenehmes Nachspiel. Die weiblichen Justizangestellten empörten sich, der Berufsverband zeterte, das Ministerium reagierte, die Presse bewertete den Vorgang als irgendwie auch frauenverachtend. Cánovas musste hässliche Fragen beantworten. Es spricht für ihn, dass er die Schuld auf sich nahm.

Rafa wurde in Talkshows eingeladen, musste mit Feministinnen diskutieren, das war ihm egal, Hauptsache, Fernsehen. Daniela lehnte die Einladungen ab, ihr war das alles zu viel. Sie begriff die Aufregung nicht, sie hatte es nur gut gemeint, es war ein Geschenk – sie war Gottes Geschenk an die Männer.

Streit

Teresina, Brasilien

Als der Landarbeiter Juacelo Nunes de Oliveira am Abend des 28. Dezember 2014 in die Notaufnahme der Unfallklinik Professor Zenon Rocha kommt, ist er bei klarem Bewusstsein, er kann sogar mit seiner Frau sprechen, was nicht selbstverständlich ist, denn in seinem Kopf steckt, bis zum Anschlag, ein Messer.

Ein Messer steckt in seinem Kopf.

Juacelo, auf einer Trage liegend, erklärt seiner Frau in abgerissenen Worten, dass es ihm leidtue, sie möge die Kinder in seinem Namen küssen, was sie unter Tränen verspricht.

Das Messer ist an der linken Schläfe eingedrungen, es steckt schräg im Schädel, bis an den rechten Unterkiefer. Länge der Klinge: 30 Zentimeter, ein Grill- und Küchenmesser.

Die Klinik Professor Zenon Rocha liegt an der Bundesstraße 343, am südlichen Stadtrand von Teresina. Die Stadt ist Verwaltungssitz des Bundesstaates Piauí im Nordosten Brasiliens. Die »Rocha« ist ein dreistöckiger Bau, erst seit 2008 in Betrieb, 289 Zimmer, und in der Notaufnahme herrscht an diesem Abend wieder mal Hochbetrieb – zwischen Weihnachten und Neujahr gibt es überdurchschnittlich viele Unfälle, Schlägereien, die Ärzte haben alle Hände voll zu tun. Einer von ihnen ist Salomão Oka, jung, tüchtig, freundlich. Oka ist gerade dabei, einem Mädchen das Kinn zu bandagieren, als ein Kollege die Tür zum Behandlungszimmer aufreißt, sinngemäß ruft er: Komm, ein hammerharter Fall!

Wenige Stunden zuvor, am frühen Abend des 28. Dezember, hatte Juacelo, trotz Monatsende, immer noch etwas Geld übrig, er beschließt, zur Bar do Zanzão zu fahren, dort würde *Seresta* gespielt werden, weiche Folkmusik aus dem Nordosten, die Songs von Chico Paulo oder Chico Seresteiro, und er würde zwei, drei Bier trinken, auf keinen Fall mehr, Juacelo nahm sich selbst das Versprechen ab.

Juacelo und seine Familie, Frau und vier Kinder, leben in der Kleinstadt Agua Branca, anderthalb Autostunden von Teresina entfernt. In Juacelos Gegend haben die Straßen keine

Namen: Straße 3, Block 3. Juacelo bebaut dort ein kleines Stück Land, Mais, Süßkartoffeln, Gemüse, außerdem gehört ihm ein schwarzes Honda-Motorrad, 125 Kubikzentimeter, mit dem er Leute kutschiert und gelegentlich Besorgungen macht. Die Kinder heißen Jardel, Jardiel, Jardeana, Ismael. Die Frau arbeitet auf dem Feld mit. Sie kommen durch. Aber nur gerade so. Es ist ein hartes, eintöniges Leben.

Bei Zanzão läuft erstklassige Musik, Juacelo trinkt ein schnelles Bier, mit dem zweiten lässt er sich mehr Zeit, er fühlte sich gut. Irgendwann muss er pinkeln, will zur Toilette, da verstellt ihm E. den Weg, ein großer, dunkler, muskulöser Mann, der ihn anschnauzt. Warum?

»Ach, weil er mich hasst, das war schon immer so!«

So geht Juacelos Version, er erzählt sie später am Telefon. Es gibt aber auch eine andere Version, die die Leute von Agua Branca sich erzählen, eine, die erklärt, woher der Hass gekommen sein könnte: Juacelo habe mit E.s Freundin angebandelt. Und in der Macho-Welt, in der Juacelo lebt, wird aus Eifersucht und Wut schnell Gewalt.

E., so erzählen es Augenzeugen, schubst Juacelo vor sich her. Er schlägt nach ihm. Juacelo weicht den Fausthieben aus, will fliehen, so bestätigt es auch die Polizei nach Zeugenbefragungen, aber plötzlich hat E. ein Messer in der Hand, er sticht viermal zu, plötzlich ist das Messer weg.

Der Griff ragt aus Juacelos Kopf, der stöhnend zusammenbricht, während E. aus der Bar hastet. Und seitdem fehle von E. jede Spur, sagt die Polizei.

Im Krankenhaus in Teresina ordnet Oka eine Computertomografie an; das Gehirn ist unverletzt, der Sehnerv ebenfalls.

Oka lässt Juacelo in den OP 9 bringen. Die Operation ist heikel: Beim Herausziehen der Klinge könnten Blutgefäße verletzt werden, die dann sofort versorgt werden müssten. Außerdem wollen die Ärzte Juacelo keine Vollnarkose geben, Grund: Sie können ihn nicht künstlich beatmen, die breite Klinge blockiert den Nasenrachenraum, dort, wo der Tubus in die Luftröhre eingeführt werden müsste. Das heißt, Juacelo ist zwar sediert, muss die Operation aber bei Bewusstsein durchstehen. Zum Glück, denkt Oka, steht Juacelo unter Schock, und die Hormone, die ausgeschüttet werden, vor allem Adrenalin und Cortison, bewirken, dass er die Schmerzen nicht so stark verspürt.

Sie legen Juacelo auf den Rücken, eine Schwester hält seine Hand. Sie ziehen die Klinge jetzt heraus, sehr langsam, sehr behutsam, immer nur etwa einen halben Zentimeter, dann schauen sie nach, ob es Blutungen gibt.

Noch ein halber Zentimeter.

Zu Juacelos Glück befanden sich an jenem Abend, als er verwundet wird, zwei Freunde in Zanzãos Bar: José Souza Amorim und Leo Gonçalves de Souza. Sie halfen Juacelo hoch, besprachen sogar, ob sie selbst das Messer aus seinem Schädel ziehen sollten, entschieden sich aber dagegen, eine auf jeden Fall richtige Entscheidung. Sie halfen dem Verletzten auf ein Motorrad, nahmen ihn zwischen sich und fuhren ihn zu der kleinen Klinik von Agua Branca, etwa 15 Minuten holprige Fahrt. Von dort brachte ihn eine Ambulanz nach Teresina, wo Juacelo jetzt auf dem Behandlungstisch in Zimmer 9 liegt.

Noch ein halber Zentimeter.

Noch ein kleines Stück.

Wenige Tage später wird er als geheilt entlassen. Er ist wieder daheim, bei seiner Familie, eine Narbe ist ihm geblieben. Er wolle jetzt sein Leben ändern, sagt er, seiner Frau keinen Kummer mehr machen, das habe er aus der Geschichte gelernt.

Während der Operation, erzählt er, habe er kaum Schmerzen gespürt, nur das Knirschen und Reiben des Metalls auf Knochen sei unangenehm gewesen. Er habe gebetet während der Operation, und es sei gut gewesen, dass da jemand seine Hand hielt.

Oops

Nottingham, England

Nottingham ist nett, aber viel los ist dort nicht. Und wenn wirklich mal was Schräges geschieht?

»Nein, darüber möchte ich nicht sprechen«, sagt die Frau, die alles angezettelt hat, sie ist die Mutter, heißt Samira C., alleinerziehend, brünett, rundes Gesicht, ein freundliches Lächeln.

»Nein, darüber möchte ich nicht sprechen«, sagt der Mann, der alles ausbaden muss, er ist der Schuldirektor, heißt Robin F., rosig, jovial.

»Dabei spricht halb Nottingham über nichts anderes«, sagt Vivianne W., sie ist beim County Council, das den Vorfall untersuchen muss, »es ist wohl auch ein eher ungewöhnlicher Vorfall, oder nicht?«

Und so schweigen alle; jedenfalls fast alle.

Nottingham, in England, 286 000 Einwohner, etwa 33 190 Schüler, einer von ihnen ist Danny C., Samiras Sohn. Am 7. November 2007, um kurz vor acht Uhr morgens, grauer Himmel, verlässt Danny das Reihenhaus in Heddington Gardens und macht sich auf den Schulweg, wie jeden Morgen. Dabei ist heute ein besonderer Tag: Dannys 16. Geburtstag.

Am White Heart Pub überquert er die Mansfield Road, hält sich links. Seine Schule, die Arnold Hill School, liegt an der Gedling Road, hügelan. Danny rekapituliert seine Geschenke. Sie waren okay, nicht überraschend, aber im Großen und Ganzen das, was er wollte. Auch seine Mum ist okay; nein, eigentlich ist sie super.

Was Danny nicht weiß: dass auf ihn noch ein Geschenk wartet.

Danny ist ein freundlicher, höflicher Junge, blass, ernsthaft, vielleicht sogar ein bisschen zu introvertiert – findet seine Mutter. Etwas wilder dürfte er sein. Vielleicht wird er mal studieren, irgendwas mit Natur, er interessiert sich für Tiere und den WWF, Wale, Gorillas.

Die letzte Schulstunde vor der Mittagspause bricht an. Danny sitzt in einer Klasse, in der Theaterstücke besprochen werden, als die Tür aufgeht. Eine Polizistin tritt ein. Jung, drall. Blaue Uniform, blaues Hütchen.

Eine kleine Abweichung vom Lernstoff, sagt die Lehrerin, lächelt und nickt der Polizistin zu. Und holt eine Videokamera hervor, richtet sie auf Danny.

Die Polizistin steht jetzt an der Tafel.

Einer von euch, sagt die Polizistin, ist ein gewisser – Danny? Das Geburtstagskind?

Danny, zögernd, meldet sich.

Ah! Fein! Dann komm mal her!

Danny errötet leicht, das Schicksal der Hellhäutigen.

Die Polizistin hat inzwischen eine Reitgerte hervorgeholt, und weil Danny, so sagt sie, bisher ein böser, böser Junge war, soll er sich bücken, und dann gibt sie ihm für jedes Jahr, in dem er böse war, einen leichten Schlag auf den Po. 16 Schläge. Patsch, patsch, patsch.

Die Schüler glotzen. Die Lehrerin filmt – in Schockstarre. Was in Danny vorgeht, darüber sollte man besser nicht spekulieren.

Aber unser Danny, sagt die Polizistin jetzt, war ja auch ein braver Junge, und deshalb – well, hier die Belohnung! Zuckersüßes Lächeln, sie angelt einen CD-Player aus ihrer Tasche.

Yeah, yeah, yeah, yeah ...

Es ist Britney Spears' *Oops! ... I Did It Again*. Die Polizistin tanzt ein bisschen, legt ihr Hütchen ab, zieht Bluse, Rock, Strümpfe aus, tanzend, bis sie in Büstenhalter und Slip vor Danny steht, gleichmäßig gebräunt und sehr ausladend, locker BH-Körbchengröße D, werden einige Schüler später berichten, obwohl man hier ihre pubertäre Begeisterung (und den Mangel an Erfahrung) in Anschlag bringen muss.

Oops! I did it again ... singt Britney.

Die Polizistin schmiert sich Creme auf den Po. Das Geburtstagskind, sagt sie, darf mich eincremen – na los!

Sie lächelt, sie wackelt, der Po des Gesetzes – Autorität, Angst, Sex, alles in einem einzigen, einem irren Moment zusammengepresst.

Die Lehrerin lässt die Kamera sinken.

In den späten 90er-Jahren waren sie beliebt, die sogenannten *stripograms* und *gorillagrams*, ein sehr britisches Vergnügen, in Nottingham gab es massenweise sogenannte Agenturen, bei denen man jemanden buchen konnte, der aus einer Torte sprang, strippte oder im Gorillakostüm grunzend eine Party auflockerte. Der Trend ist abgeflaut, aber drei größere Event-Agenturen gibt es noch; bei einer hatte Dannys Mutter einen Gorilla bestellt, weil Danny Tiere liebt, und alles mit der Lehrerin besprochen, und die hatte versprochen, den kleinen Spaß zu filmen. Was Dannys Mutter nicht bestellt hatte, war eine strippende Polizistin – bei der Agentur hatte jemand die Termine verwechselt.

»Moooment!«, ruft die Lehrerin. »Ich bin nicht sicher, ob wir so fortfahren sollten«, und sie winkt die Polizistin streng mit sich raus aus dem Raum, und zurück bleiben die Schüler, stumm, und Geburtstagskind Danny.

Der Direktor und die Theater-Lehrerin beschwören die Schüler, gegenüber den Medien bitte, bitte dichtzuhalten; aber die Story ist einfach zu erzählenswert. Einige Eltern zeigen sich über den Vorfall absolut *not amused*, das Council untersucht, wer Schuld hat, die Mutter, die Schule, die Agentur oder alle zusammen.

Danny, beschenkt mit einer Geschichte fürs Leben, fand die Show im Nachhinein okay. Oder sogar super.

Mehr oder weniger

Monterrey, Mexiko

Sein Lieblingsgericht: Tacos al Pastor, mit Rinderhack, Koriander, Zwiebeln, Tomaten, Pico-de-Gallo-Soße, dazu Pommes frites, Coca-Cola.

Sein Name: Manuel Uribe. Zahl der Google-Treffer darauf: 648 000.

Die Urkunde an der Wand seines Zimmers weist ihn als dicksten Menschen der Medizingeschichte aus.

Hängt da als Warnung, sagt er.

Im Leben des Manuel Uribe gab es fünf wichtige Entscheidungen. Drei davon erwiesen sich als Fehler, mit schrecklichen Folgen, zwei als Glücksfälle. Für Manuel, Mexikaner, also Fußballfan, steht es somit zwei zu drei. Er ist jetzt 43 Jahre alt, es ist die Halbzeit seines Lebens, er liegt zurück. Aber das Spiel geht weiter, der Kampf geht weiter.

Es ist zehn Uhr morgens in Monterrey, Bundesstaat Nuevo León; draußen summt die Millionenstadt, Autos hupen, Vögel singen. Er liegt noch im Bett. Er liegt dort seit sechseinhalb Jahren, in einem Riesenbett, das mit Vierkantstahl verstärkt wurde, denn vor sechseinhalb Jahren gaben Manuels Füße endgültig auf, die Sehnen entzündet, die Knochen krumm, zerbogen.

Der Raum, in dem er liegt, ist ebenerdig, links das Fenster, Tisch, vier Stühle. Rechts der Nachtschrank, Heiligenbilder, Fotos von der Hochzeit, sie zeigen ihn und Claudia. Gegenüber der Fernseher, läuft von morgens bis abends, Kanal 12, der Lokalsender. Das Handy liegt in Griffweite.

Guten Morgen, Señor Uribe, wie geht es Ihnen heute?

Sehr gut!

Haben Sie schon gefrühstückt?

Ja, das Übliche. Sechs Eier. Tomaten, Zwiebeln, Chili. Gehört zur Diät. Avocados, Grapefruit, Kaffee. Von da an alle drei Stunden 135 Gramm Geflügel, dazu Pflaumen, Nüsse, Brokkoli.

Wie wird Ihr Tag verlaufen?

Wohl wie immer. Ich sehe viel fern. Kumpel rufen an, ich verkaufe ja nebenher Jeans, die ein Freund von mir näht, also melden sich auch Kunden.

Haben Sie Hunger?

Ja. Jede Minute.

Sind Sie manchmal unglücklich?

Nein. Nie. Weil, ich werde geliebt. Für jemanden, der dem Tod so nahe war, ist das großartig.

Manuel Uribe, Sohn des Tischlermeisters Uribe und der Ottilia Garza, Hausfrau, war ein glückliches Kind. Er ging in Monterrey zur Schule, nachmittags spielten sie auf dem Schulhof American Football, Manuel war Verteidiger, schon immer war er größer als die anderen, schwerer.

Er wurde Mechaniker. Reparierte Autos, Schreibmaschinen, Kopierer; aber seine Leidenschaft galt dem Fleisch. Rinderhack, Zicklein, tiefe Schüsseln mit glänzenden, triefenden Würstchen, nachts erwachte er, stolperte in die Küche, verschlang, was immer er fand, taumelte ins Bett, träumte von Rührei, von Speck. Wurde dick, dann sehr dick. Wurde fett, sehr fett, dann berühmt.

Den ersten Fehler seines Lebens beging er, als er nach Dallas zog, mit 23. Für Mexikaner waren die USA das Paradies, wo Milch und Honig flossen, es waren Fette, Kohlenhydrate, Milkshakes, die er in sich hineinschob.

Mit 23 Jahren ist man damit beschäftigt, sich zu finden, jener Mensch zu werden, der man sein will, man muss auch erkennen, was man nicht will. Manuel, Sklave des Überangebots, dachte darüber nie nach. Das war sein zweiter großer Fehler.

Er dachte zu wenig, er aß zu viel. Er aß aus Hunger, Einsamkeit und Gier, er aß mit Inbrunst; er las sich vor, was auf Speisekarten stand, wie ein Novize die Namen der Heiligen aufsagt.

Ab einer gewissen Masse hat der Magen ein Fassungsvermögen, von der sich ein normaler Esser keine Vorstellung macht. Manuel überschritt die 500-Kilo-Marke, er wurde zu einem schwarzen Loch, das alles einsaugt, Tacos, Würste, den letzten Rest an Hemmung, an Würde.

Im Jahr 2007 wog Manuel 570 Kilo, das war Rekord, er war jetzt ein Kegel geworden aus weißem wabbelndem Fleisch, der Hals verschluckt, das Geschlecht begraben, oben auf dem Körper klebte der verhältnismäßig winzige Kopf mit den glatten, schwarzen Haaren und den traurigen Augen, wie ein Kinderball auf einem Teich.

In den Wülsten des Oberkörpers steckten die Arme. Unterm Fleisch eingeklemmt die Beine. Sein Herz, schätzten Ärzte, hatte die vierfache Größe eines normalen Herzens. Die Leber war groß wie ein Schmorbraten. Der Körper von Ekzemen bedeckt, verpilzt. Manuel aß weiter.

Dann der Eintrag im Guinness-Buch. Die nach Sensationen gierenden Blogger, Fans, Journalisten, er ließ sie bereitwillig in sein Leben, sein dritter Fehler. Doch er dachte, wenn er seine Tragödie öffentlich machte, würde er Freunde finden, Beistand, doch die Fans wollten nur das Monster. Der Guinness-Rekord öffnete ihm schließlich die Augen: Er würde sich zu Tode fressen.

Da machte er etwas richtig. Er beschloss umzukehren. Im wahrscheinlich allerletzten Moment.

Unlängst hat Manuel Uribe geheiratet, auch dies erwies sich als Glücksgriff. Claudia bringt ihm morgens einen Eimer Seifenwasser, sie hilft ihm mit der Bettpfanne und wäscht ihn dort, wo er nicht hinkommt. Weil sie ihn liebt, wie sie sagt, weil Gott wollte, dass sie heiraten.

Manuels Diät ist grausam. Er wiegt aber schon weniger als 400 Kilogramm, liegt freilich noch im Bett, Gefangener seines ständig nach Nahrung brüllenden Körpers. Eines Tages will er aufstehen, sagt er, ein normales Leben. Sogar Diät-Berater will er werden, das klingt irrsinnig. Aber: Wenn er es schafft abzunehmen, dann kann es jeder.

Beweisstück 18-28052011

Bishaw, Bangladesch

Am Abend des 28. Mai 2011 packte Monju Begum, 40 Jahre alt, Herstellerin von sogenannten *Hogla Pati*, von Gras- und Schilfmatten, den Penis, den sie soeben einem Nachbarn abgeschnitten hatte, in eine grüne Plastiktüte. Sie verschnürte die Tüte und machte sich damit auf zur nächsten Polizeistation, im Unterbezirk Rajapur. Die Nacht war hereingebrochen, Dunkelheit lag über dem Dorf, dem Dschungel.

Eine Stunde später, auf der Polizeistation, stand Monju Begum hinterm Tresen und drückte ihren Fingerabdruck unter die Anzeige wegen versuchter Vergewaltigung. Der Fingerabdruck anstelle einer Unterschrift; denn sie hat das Schreiben nie gelernt. Der Penis wurde von dem diensthabenden Subinspektor Shofiqul Islam entgegengenommen. Das Indiz, sagt Islam, sei von dunkler Farbe gewesen, fleischig, blutverkrustet und zwei Inches lang, 51 Millimeter. Es erhielt die Asservatennummer 18-28052011. Die Schnittkante war glatt.

Monju sowie ihr Ehemann, Shahidul Haulader, der sie begleitet hatte, suchten sich zum Schlafen einen Flecken hinter der Polizeistation, wickelten sich in eine dünne Decke, die ihnen der Inspektor geliehen hatte. Am nächsten Morgen ging Shahidul wie stets zur Arbeit, er ist Rikscha-Fahrer in Jhalokati, und Monju Begum wanderte in ihr Dorf zurück, nach Mirzapur.

Ihre Geschichte ereignet sich im Süden von Bangladesch, einem der ärmsten Länder der Welt, Rang 129 auf dem Human Development Index der Uno, einem Land, in dem das Leben selbst manchmal einer Vergewaltigung gleichkommt; die Menschen, die hier leben, sind es nicht gewohnt, sich zu wehren.

Als Monju nach Mirzapur zurückkehrte, schien alles unverändert: die Felder, die Bananenplantagen, die Hütten aus Holz und Blech. Wenn ihr jemand entgegenkam, grüßte Monju und wurde zurückgegrüßt, dann ging sie in ihre Hütte, machte sauber, setzte sich an ihre Arbeit.

Als würde das Leben unverändert weitergehen.

Erst später, sagt sie, merkte ich, dass ich mich verändert hatte.

So erzählt es Monju Begum den Journalisten oder den Polizisten, die sie besuchen oder anrufen; im Dorf gibt es ein Telefon. Die Polizisten kommen meistens nur, um ihr zu sagen, dass die Fahndung nach Mohammed Majhi ergebnislos sei. Dass sich Polizisten für sie interessieren, sagt Monju, sei seltsam. Es passe nicht zu dem Leben, das sie bis dahin geführt habe.

Das Leben der Monju Begum beginnt in dem Ort Sangar, ebenfalls im Distrikt Jhalokati, vor 40 Jahren. Dem Dasein, in das sie geboren wird, bringt sie vor allem Duldsamkeit entgegen. Sie besucht keine Schule, sie lernt Schilfmatten flechten, mit 22 Jahren heiratet sie Shahidul Haulader. Er ist Riksha-Fahrer, älter als sie, er bringt zwei Kinder mit in die Ehe, dazu kommen drei gemeinsame im Laufe der Jahre. Für die Arbeit eines Monats verdienen sie zusammen 2200 Taka, etwa 20 Euro.

Was war wichtig für Sie, Monju Begum?

Überleben, sagt sie.

Am Abend des 28. Mai, nach einem frühen Abendessen aus aufgewärmtem Curry, ging Monju Begums Mann noch hinüber zu seinem Freund Babul, der einen Fernseher besitzt. Monju Begum blieb allein, sie legte sich gegen halb acht zum Schlafen auf die Pritsche, ließ nur eine kleine Lampe an. Etwa eine halbe Stunde später betrat einer der Dorfbewohner, ein Mann namens Mohammed Majhi, die Hütte und warf sich über Monju Begum. Sie erwachte, spürte den fremden Geruch eines Mannes, Rauch, Schweiß, seinen Mund an ihrem Mund, er wollte sie küssen, sie wand sich, er verfehlte ihren Mund, er biss ihr in die Schulter.

Ich will dich, hörst du? Hier, ich habe ein *Dau*, ein Messer, ich ersteche dich, töte dich!

Ist ja gut, ich lass dich ja, habe sie ihm geantwortet.

Und dann ließ er das Messer aufs Bett fallen. Und sie tastete danach, während er über ihr stöhnte, brabbelte, möglich, sagt sie, dass er Gaga-Haschisch geraucht hatte.

Anfangs wollte sie das Messer nur haben, um es fortzuwerfen, das bedrohliche Ding, aber dann spürte sie seine Erektion, und dann hatte sie das Messer in ihrer Linken, und sie ergriff seinen Penis mit der rechten Hand und hielt ihn fest, mit aller Kraft, denn vom Flechten, dieser täglichen Handarbeit, kriegt man starke Hände, und ganz schnell und leicht zog sie die Klinge hindurch und spürte sein Blut, in einem Schwall, und seine Schreie gellten durch die Hütte, *ore tora keda komme acho*, Hilfe, ich sterbe.

Und er taumelte durch die Hütte, kreischend, sagt sie, hielt sich mit beiden Händen die Wunde, aus der das Blut hervorschoss.

Die Dorfbewohner kamen angerannt. Ein Freund von Mohammed, ein Mann namens Esralif, brachte ihn zu seiner eigenen Hütte, kümmerte sich um die Wunde.

In Monjus Hütte, auf dem Boden, lag der abgeschnittene Penis. Wie ein totes Tier. Monju Begum hob ihn auf und suchte nach einer Tüte.

Dies ist Monju Begums Version der Geschehnisse, eine Version, die von der Polizei bestätigt wird. Sie sei keine Heldin, sagt Monju Begum, sie habe sich nur gewehrt. Ja, sagt sie, sich zu wehren, das sei wohl wichtig, aber auch schwer.

Der Zahlenflüsterer

Gießen, Deutschland

Plötzlich ist er verschwunden, obwohl er noch am Tisch sitzt, aber er hat sich aufgelöst in einer Welt dekadischer Logarithmen und 40-stelliger Primzahlen.

Sein Mund ist verzerrt. Die Augenlider flattern, er streckt den Zeigefinger, malt Zahlen in die Luft, unsichtbare, nur er kann sie sehen, und dann schnipst er sie nach links und dividiert und flüstert mit ihnen, die Zahlen scheinen zu gehorchen – ihm und seinem Zeigefinger, der beinahe so weiß ist wie die gefaltete Serviette auf dem Tisch des Steakrestaurants.

Das Wesen der Wirklichkeit ist die Zahl, sagten die Pythagoräer.

Es ist früh am Nachmittag. Im Maredo in der Bonner Innenstadt ist der mittägliche Ansturm vorüber. Die Luft ist dick von Rauch und Essensgeruch. Zwei Tische weiter sitzt ein Pärchen beim Kaffee, die Frau stupst ihren Begleiter an, nun schauen sie beide herüber, auch die Kellnerin ist stehen geblieben, wischt sich die Hände ab und starrt her.

Was kritzelt er da in die Luft, dieser unrasierte Mann? Und was murmelt er?

»Ähem, schauen Sie bitte – die Vier und die Eins als Anfangsziffern einer sehr großen Zahl liefern uns vorzügliche Anhaltspunkte, dass die Lösungszahl zwischen 45 975 000 und 46 060 000 liegt – das ist schon mal ausgezeichnet, jetzt allerdings bitte ich um Aufmerksamkeit, nun wird es ein bisschen unübersichtlich ...«

Und er rechnet weiter.

Und stimmt, es wird unübersichtlich.

Der Mann im Steakrestaurant heißt Gert Mittring. Er ist 38 Jahre alt, studierter Informatiker, zwei Doktortitel, gemessener IQ von 145, geschätzter IQ 170, wahrscheinlich ein Genie. Mitglied der Bach-Gesellschaft sowie im Klub Langer Menschen. Er ist 1,90 Meter groß, hat einen eingetrockneten Soßenfleck auf der Krawatte und eine Mission.

Er will uns zum Denken bringen.

Und so steht Mittring am Vormittag des 23. November 2004 um elf Uhr auf, putzt sich die Zähne und frühstückt: eine Tafel Schokolade. Dann zieht er sich an und verlässt seine kleine Wohnung am Bonner Konrad-Adenauer-Platz, wo er am Abend zuvor noch lange Bach gelesen hat – um Musik zu hören, leiht er sich Partituren aus und liest. Er steigt in seinen roten Citroën und fährt gen Gießen.

Wo man ihn erwartet. Wo er einen Weltrekord aufstellen will.

Eingeladen von Albrecht Beutelspacher, Gießener Geometrieprofessor, im Übrigen ein umtriebiger Mensch. Er schreibt Kolumnen, er hat in Gießen ein Mathematik-Museum gegründet, und er veranstaltet dort populäre Rechenshows.

Um 18 Uhr betritt Mittring die kleine Bühne im Hörsaal 1. Rotes Sofa, Flasche Wasser, Kameras, ein Laptop ist eingestöpselt. 170 Zuschauer. Man nimmt Platz. Mittring und Beutelspacher machen Small Talk, magische Quadrate, punktsymmetrische Strukturen – worüber Mathematiker so plaudern.

Um 18.30 Uhr setzt Mittring sich um, Rücken zum Publikum, Gesicht zur Leinwand. Der Laptop wird gestartet, sein Zufallsprogramm wird gleich eine 100-stellige Zahl ermitteln und auf die Leinwand projizieren. Mittrings Job: die 13. Wurzel ziehen. Jene Zahl also, die, zwölfmal mit sich selbst multipliziert, die projizierte Zahl ergibt. Und bitte im Kopf.

Bereit? Mittring nickt. Es erscheint:

7066437381674286102234008830240157375704233170702632731269721516000395709065419973141914549389684111.

Im Publikum atmen Leute scharf aus.

100 Stellen halt.

Die Zeit läuft.

Mittring starrt. Drei Sekunden. Vier Sekunden. Fünf Sekunden.

Als er vier war, nahm Mittrings Mutter, eine Kirchenmusikerin, ihn zum Einkaufen mit. Er saß im Kindersitz und addierte die Preise all dessen, was Mama in den Wagen legte. Anschließend staunte er, dass die Frau an der Kasse alles nochmals eintippte – er hatte die Lösung doch längst genannt!

Mit zwölf ersann er Formeln, mit denen man Wochentage endlich mal schnell 4000 Jahre rückwärts berechnen konnte. In der Oberstufe wählte er Mathe als Leistungsfach, was sonst, schließlich waren ihm Lösungen immer auf den Schoß gesprungen. Trotzdem schrieb er ständig Sechsen – weil er nicht begriff, was an der gestellten Aufgabe eigentlich das Problem war.

Sieben Sekunden. Beutelspacher starrt auf Mittring. Acht Sekunden. Der starrt auf die Zahl. Sitzt vorgebeugt, malt Nebenrechnungen in die Luft.

Neun Sekunden. Mittring hat zunächst das Zahlenungetüm gleichsam abgeschritten. Vor allem die ersten sechs Ziffern sind wichtig, er befühlt sie so, wie ein Orthopäde ein krankes Knie betastet, er ermittelt die Mantisse, die an die logarithmische Kennziffer 99 angehängt wird, er dividiert, delogarithmiert, sein auf Vereinfachung komplexer Operationen trainiertes Hirn arbeitet auf Hochtouren.

Es hilft ihm, dass er zum Beispiel 7,68 mal 13 nicht »rechnet«, sondern weiß – Mittring, Meister der Trillionen, aber auch ein Freund kleiner Zahlen. Die Fünf zum Beispiel mag er, sie ist so balancierend. Auch die Sieben hat er gern um sich, ein eigensinniges Ding.

Elf Sekunden. Die Gießener Studenten tippen noch. Stopp! Mittring hat gebrüllt. Er ist fleckig im Gesicht. Verliest seine Lösung. 47 941 071. Im Hörsaal ist es einen Moment lang sehr, sehr still.

Die Lösung stimmt, errechnet in knapp zwölf Sekunden. Das sind zwei Sekunden unterm bisherigen Rekord, es ist also ein neuer Weltrekord. Applaus, Mittring muss Hände schütteln, Autogramme geben, Bücher signieren. Es ist spät und dunkel, als er wieder Richtung Bonn fährt.

Macht Rechnen glücklich, Herr Mittring?

Mittring sitzt im Maredo-Steakhaus und spielt mit dem Wasserglas. Er zögert, dann lächelt er. Sein Gießener Auftritt liegt einige Wochen zurück. »Rechnen heißt durchdringen, es ist ein ästhetischer Genuss – und ja: Es macht mich glücklich, sehr.« Er schweigt. Dann beginnt er zu essen, leert seinen Teller methodisch von rechts nach links.

Die heilige Lehrerin

Mexiko-Stadt, Mexiko

Doña Albinas Geburtstag nahte, und man musste damit rechnen, dass es ihr letzter sein könnte – Gott behüte, aber immerhin wurde Albina, die heilige Lehrerin, 103 Jahre alt. Sie waren für Samstag verabredet. Am Telefon, als Maria Luz sie anrief, hatte Doña Albina fröhlich geklungen, sie freue sich, aber bitte keine Präsente, keine Umstände, schließlich sei Altwerden für sie nichts Neues, kichernd hängten sie auf.

Maria Luz kaufte dennoch eine rote Poinsettie, einen Weihnachtsstern, außerdem Obst und für 30 Peso ein paar Nopales, Ess-Kakteen. Am Samstagmorgen wusch sie sich die Haare, zog ihr schönstes Kleid an und fuhr in ihrem beigefarbenen Nissan Tsuru nach Portales, Ecke Presidente/Eje Central in der Innenstadt, unter dem gelben, stinkenden Himmel von Mexico City.

Lupita öffnete die Tür. Sie und Albina teilten sich das Apartment. Lupita Sandoval war an Albinas Schule Sekretärin gewesen, der Job, den Maria Luz jetzt innehatte. Lupita war zwar erst 85, aber beinahe blind, während Albina nur unter Schmerzen gehen konnte; zu zweit jedoch konnten sie sich helfen, Freundinnen seit 56 Jahren.

Albina Cruces Vázquez, die Lehrerin, saß in ihrem Lieblingssessel. Auf dem gekachelten Ofensims, an den Wänden, auf dem grün gedeckten Tisch am Fenster: überall religiöses Personal, die Muttergottes, Jesus am Kreuz, Engel, Schutzheilige. Albina dankte Maria Luz für Blumen und Obst, gleich darauf fragte sie nach der Schule. Wie es so laufe. Ob die Schüler fleißig seien. Und überhaupt.

»Alles wie immer, Albinita«, sagte Maria Luz, »bis auf die Tatsache, dass Sie uns entsetzlich fehlen.«

»Übertreib nicht«, sagte Albina, »irgendwann müssen wir Alten eben Platz machen für die Jüngeren. Aber es ist nett, dass du deiner alten Schuldirektorin Höflichkeiten sagst.«

»Für uns sind Sie mehr als eine alte Schuldirektorin«, sagte Maria Luz leise. »Für uns sind Sie wie die hier« – sie wies auf die Wände –, »eine Heilige.«

»Übertreib nicht«, sagte Doña Albina fröhlich.

Im Jahre 1903 erfanden zwei Franzosen die Farbfotografie. In North Carolina schredderten die Wrights im ersten Motorflugzeug zwölf Sekunden durch die Luft. In Berlin, im *Vorwärts*, schrieb eine gewisse Rosa Luxemburg eine Huldigung zum 20. Todestag eines gewissen Karl Marx. In Mexiko herrschte seit einer halben Ewigkeit ein Diktator; aber die ersten Gewerkschaften existierten, es gab »Liberale Clubs«, in Wahrheit Revolutionszellen. Und die Pancho Villas, Emiliano Zapatas und all die patronengurtbehängten Herren machten sich bereit. So war dieses Jahr. Und noch etwas geschah.

In diesem Jahr 1903, am Morgen des 1. März, wird in dem Bergwerksstädtchen Mineral de la Cruz, Bundesstaat Guanajuato, die kleine Albina geboren, jüngstes von acht Kindern. Ihr Vater, ein Bergmann, war kurz zuvor gestorben. Seine Rolle übernehmen Albinas große Brüder. Fermin und Carlos arbeiten beide als Lehrer, und Albina darf mitkommen, sofern sie brav ist, und das ist sie.

Die Schule wird die Liebe ihres Lebens.

In den Jahren zwischen 1906 und 1910 brechen in Mexiko Aufstände los, durch Albinas gesamte Kindheit und Jugend hindurch wird das Land nicht mehr zur Ruhe kommen. Mexiko ist eine einzige Wunde in diesen ersten Dekaden des 20. Jahrhunderts: Amerikaner, Indios, Criollos, Landbesitzer und -besetzer, Bauern, Mestizen, Sozialisten, Konservative – Jahrzehnte der Gewalt, Korruption und Lethargie, überzogen von einem inbrünstigen Katholizismus.

Albina erlebt Schießereien, und einmal, als junge Lehrerin, soll sie einem nach Lauch und Branntwein stinkenden

Zapata-General das Lesen beibringen. Ansonsten – und ihr Leben lang – hält sie sich fern von Politik; beziehungsweise sie ficht ihren eigenen Krieg, ihre Bildungsrevolution.

Wissen ist eine Waffe, und so lernt und lehrt Albina Griechisch, Biologie, Chemie, Mathematik, Literatur, Musik. Sie liest Aristoteles, studiert Botanik, spart jeden Peso, um Schallplatten zu kaufen, Beethoven, Liszt, Brahms. 1947 übernimmt sie, 43-jährig, die Leitung der Schule Eduardo Novoa in der Calle Rumania 703.

Über die Diskussion zum Renteneintrittsalter von 67 könnte Albina wahrscheinlich nur lachen; ihr Leben ist ein einziger Gegenentwurf dazu. Mit 67 aufhören? Warum?

Mit 77 hat sie alles im Griff. *Absolutamente.*

Mit 87 auch. Sie überrascht das Kollegium mit Ideen: Man müsste öfter das Thema Ernährung ansprechen, die Kinder in diesen Tagen essen zu fett. Albina selbst ernährt sich von Obst, Gemüse, Musik.

Mit 97 macht sich das Alter allmählich doch bemerkbar. Ärgerlich. Zum Gehen nimmt sie jetzt gelegentlich einen Stock. Unterrichtet aber noch.

Mit 102 steht ihr Entschluss fest: Genug ist genug. Am 15. November 2005 übergibt sie Schreibtisch und Büro aufgeräumt und besenrein, zum Abschied gibt es Musik, Zimtlimonade und Tränen. Ehemalige Schüler wollen ihre Biografie schreiben, und alle versprechen, sie zu besuchen, Doña Albina, die Legende.

Tatsächlich kommen die Besucher regelmäßig, Schüler, Lehrer, allen voran Maria Luz. An jenem Samstag blieb sie sogar länger als sonst, sie sprachen über Musik, Literatur, Politik, »bis nächste Woche«, sagte Maria Luz zum Abschied.

»Ich werde da sein«, antwortete Doña Albina.

Das fehlende Glied

Bestwood Village, England

An einem Sonntag, dem 19. August, gegen 14 Uhr, schiebt Daniel Blackner, 48 Jahre alt, seinen Penis in den Ansaugstutzen eines roten Numatic-Staubsaugers. Dann schaltet er das Gerät ein. Blackner handelt für seine Verhältnisse vernünftig und gewissenhaft; dennoch begeht er einen Fehler.

Daniel Blackner hatte in seinem Leben noch nie richtig dazugehört. Sie taten ihm nichts, die anderen Kinder, sie alle hatten denselben Schulweg, spielten miteinander Verstecken und Fußball. Danny hatte fünf Brüder, drei Schwestern, alle groß, kräftig, mit den Blackners legte sich keiner an, außerdem konnte er kratzen, beißen. Beim Fußball und auch sonst gab er den Clown; solang sie über ihn lachten, war er zufrieden. Beim Versteckspiel blieb er unschlagbar. Er war klein.

Bestwood Village, am Rande von Nottingham in Mittelengland: Hier wurde er geboren. Neun Kinder, sein Vater Minenarbeiter, zwischen den Reihenhäusern hing Wäsche, im Radio spielten sie *Hot Love*. »Meine Kindheit war okay«, sagt Daniel. Und dass sie ihn »dwarf« nannten, nahm er ihnen nicht übel, denn genau das war er: ein Zwerg.

Mit 17 war er ausgewachsen. 120 Zentimeter, krumme Beinchen, wuchtig der Schädel. Er fand einen Job bei Intermotors, Elektroteile verpacken. Die Kollegen lachten, wenn er seine Possen riss, es war wie in der Schule, aber er blieb ihnen fremd.

Bis Daniel, mit 18, bei einer Laienaufführung von *Schneewittchen* mitspielte. Er war zufällig reingeraten. Dieses Gefühl, auf der Bühne zu stehen, dazuzugehören, war großartig. Er verließ Nottingham, um Schauspieler zu werden.

Etwa 30 Jahre später, an jenem Sonntagnachmittag im August, stellt Daniel zufrieden fest, dass er, rückwärtsschreitend, den an seinem Glied hängenden und auf voller Leistung heulenden Staubsauger wieder hinter sich herziehen kann. Der Sauger war kaputt gewesen, es ist ein Probelauf, für die Vorstellung am Abend; wenn's um die Show geht, muss alles stimmen. Diese Einlage ist Höhepunkt einer Show des Circus of Horrors, die, mit einem gut sortierten Aufgebot an

Unappetitlichem, durchs Land tourt. Daniel ist Mitglied des Ensembles. Er zieht einen Staubsauger an seinem Penis hinter sich her. Das ist sein Beitrag.

An jenem Sonntag hat Daniel also den Staubsaugerstutzen, der einen Riss bekommen hatte, mit Super Glue geklebt, dem stärksten Klebstoff, der aufzutreiben war. Nun knipst er den Sauger aus und will seinen Penis aus der Tülle ziehen. Es geht nicht. Er versucht es abermals. Dann fester, irgendwas klebt oder klemmt. Er ruft nach Iona, mit der er diese Nummer bringt. Die schöne, junge, gelenkige Iona aus Ulan Bator, Verrenkungskünstlerin, ein robust veranlagtes Mädchen, sie hält ihn fest, versucht es mit einem Ruck, zack.

Sie erschrickt, so laut brüllt Daniel.

Und endlich kommt Iona der richtige Gedanke, sie eilt, bringt den Kleber, er studiert die Packungsbeilage, liest noch einmal und begreift.

Daniel machte Karriere, aber nicht als seriöser Schauspieler, stattdessen wurde aus ihm ein Satyr des Bizarren, ein Schausteller der Schamlosigkeit. Einen Staubsauger an seinem Glied hinter sich herzerren, im Schottenrock über die Bühne trappeln und mit dem nackten Hintern wackeln – vielleicht ist es die Tragödie des Daniel Blackner, dass er, um dazuzugehören, immer mehr zum Außenseiter werden musste. Aber was jetzt? Kein Vorhang, hinter dem er verschwinden könnte, stattdessen hängt dieses verfluchte Ding an ihm, festgeklebt.

»Iona«, ächzt er, »ich habe Minuten und Sekunden verwechselt! Wir hätten 20 Minuten warten müssen, bis der

Klebstoff trocken ist, hier steht's, nicht 20 Sekunden! Das Zeug war noch frisch! Verdammt. Ruf John an.«

Der Anruf erreicht John Haze im Telford-Road-Hotel, wo er in seinem Zimmer am Laptop Buchhaltung macht, John, alias Dr. Haze, ist der Impresario des Circus of Horrors. Seine Angestellten speien Feuer oder schlucken lebende Mäuse, John hat schon viel erlebt, aber so was noch nicht. John fährt Daniel samt Staubsaugerschlauch ins Krankenhaus, Notaufnahme.

Und Daniel Blackner sitzt im Wartezimmer, starrt auf seine kleinen Füße, weiß nicht, wohin. Schämt sich. Schämt sich wie nie zuvor in seinem Leben, als hätte er etwas nachzuholen, um ihn herum Kinder mit Brüchen, Männer mit Schnittwunden vom Heckenschneiden, alles rechtschaffene Fälle, und mittendrin er: Karikatur eines Notfalls. Alle mustern ihn verstohlen, war ja klar. Was tut er auch hier? Er möchte sich zu einer Kugel zusammenrollen, aus der Welt verschwinden, aber er muss eigentlich am Abend auftreten.

Endlich eine Krankenschwester, ein Arzt. Sie kennen sich aus mit Klebstoffunfällen, haben Mittel, die das Zeug lösen. Der Arzt rauscht ab, die Schwester übernimmt, sie trägt Salbe auf, macht Konversation, fragt nach dem Wieso und Warum, als wäre es das Normalste der Welt, und als Daniel ihr von der Show erzählt, verzieht sie keine Miene, meint nur: Oh, interessant. Er ist so dankbar. Als sie ihn befreit, möchte er sie umarmen; er wird, wenn sie will, Karten für die Abendvorstellung hinterlegen – und stotternd versucht er, sein Malheur zu erklären, sein ganzes Leben zu entschuldigen, und sie sagt nur: »Aber bitte, das hätte doch jedem passieren können, Mr. Blackner.«

Jedem? Für Daniel, den Zwerg, ist es die schönste aller Lügen, sie rettet ihn.

Spuck's aus

Amritsar, Indien

Manche Nachrichten erscheinen zu absurd, um glaubhaft zu sein. Etwa die, wonach ein indischer Polizist insgesamt 40 Messer schluckte. Und trotzdem ist die Geschichte wahr und verbürgt. Der Doktor kann es bezeugen.

Dr. Jatinder Malhotra wusste sich anfangs keinen Reim zu machen. Sein Patient litt an inneren Blutungen, das

Röntgenbild zeigte einen Klumpen im Magen, groß wie eine Mango. Ein Tumor?

Doch war die Form untypisch, das fanden auch die beiden Kollegen, die Malhotra hinzugezogen hatte. Also machten sie eine Endoskopie, führten eine Kamerasonde in den Magen ein.

Nun verstanden sie gar nichts mehr.

Waren das wirklich Messer? Mit teilweise offenen Klingen, jede etwa 15 Zentimeter lang? Falls ja – wie kamen die hinein in den Kerl?

Jarnail Singh, männlich, 42 Jahre alt, geboren und wohnhaft in Gurdaspur, das war der Patient. Polizist, Familienvater, zwei Kinder. Die Frau wurde gerade verständigt.

Singh lag auf der Liege im Behandlungszimmer. Dr. Malhotra, Notarzt des Corporate Hospital in Amritsar, Großstadt im Norden Indiens, zog einen Stuhl herbei, schlug einen möglichst harmlosen, neutralen Gesprächston an.

»Könnte es sein, dass wir in Ihrem Magen seltsame Dinge entdeckt haben?«

Der Mann war schmal, bärtig, er zögerte mit der Antwort, erinnert sich Malhotra.

»Ja, es sind Messer. Ich habe sie geschluckt. Absichtlich.«

Sie mussten operieren, sofort. Sie überließen, während sie die Vorbereitungen trafen, den Patienten sich selbst; jetzt hatte Singh wenigstens Gelegenheit nachzudenken.

Der Tag, an dem er sein erstes Messer aß, war ansonsten wenig aufregend verlaufen. Morgens war er aufs Revier gegangen; Singh war Offizier, er verdiente 15 000 Indische Rupien im Monat, rund 200 Euro.

Im Punjab leben vor allem Sikhs, eine Religionsgemeinschaft, deren Männer sich gern als kämpferisch rühmen. Viele tragen einen Dolch, den *Kirpan*, der symbolisieren soll, dass sie die Schwachen beschützen. Wer hier aufwächst, wird oft Farmer, Berufssoldat oder Polizist. Wie Singh.

Singh ging bis zur zwölften Klasse auf die staatliche Boys Senior Secondary School, eine reine Jungenschule. Er lernte Punjabi schreiben, lesen, dazu ein wenig Hindi. Er sei nie sehr ehrgeizig gewesen, sagt er über sich, sein Leben war simpel, er selbst hält sich für einen unauffälligen, durchschnittlichen Typ.

Bis zu jenem Tag im Sommer, als er ein Messer in der Küche liegen sah. Ihn überfiel ein unüberwindlicher Drang, er wollte es in sich haben, es sich einverleiben. Er steckte das Messer in den Mund. Es schmeckte nach Eisen, aus irgendeinem Grund tat es ihm gut. Er legte den Kopf zurück. Schob es tiefer, atmete ruhig, plötzlich spürte er, wie es wie von selbst in ihn glitt. Er trank noch ein Glas Wasser, wie unsereins vielleicht ein zu trockenes Sandwich runterspült.

Von da an schluckte er etwa jeden zweiten Tag ein Messer, die nächsten zwei Monate hindurch. Es war wie eine Sucht, er hielt sie geheim. Er kaufte die Messer bei Straßenhändlern, aufgeklappt maßen sie etwas über 6 Zoll, 17 Zentimeter. Die meisten schluckte er in zusammengeklapptem Zustand, manche aber mit offener Klinge.

Er schluckte 40 Messer. Bis Schmerzen auftraten. Was verständlich ist. Drei Tage quälte er sich, dann ging er zu Dr. Malhotra.

So die Geschichte des Polizisten Jarnail Singh, wie er sie dem Nachrichtenmagazin *SPIEGEL* erzählte. Dennoch bleiben ein paar Fragen eher ungeklärt. Kann man, zum Beispiel, wirklich 40 Messer schlucken? Kann man überhaupt ein einziges schlucken?

»Das passt schon«, sagt Andreas Lanzendörfer, ein Mann, der es wissen muss: Lanzendörfer gehört zu Deutschlands bekanntesten Schwertschluckern, er tritt auf Mittelaltermärkten auf, ist Mitglied der Sword Swallowers Association International.

Bei zurückgelegtem Kopf und entspannter Konzentration könne man tatsächlich den Würgereflex austricksen, auch ein Untrainierter könne es schaffen, »aber ich würd's trotzdem keinem empfehlen«.

Wohl wahr. Die ganze Idee ist gaga. Warum sollte man überhaupt ein Messer schlucken?

Allenfalls als Resultat einer psychischen Störung, weil Hirn und Hormone in eine Schieflage geraten sind, laienhaft gesagt.

Die Antwort könnte lauten: weil das Gehirn kreativ sein will, irgendwie.

Kreativität ist Teil unseres evolutionären Erbes – »und Kreativität produziert auch so manchen Schrott«, sagt ein Experte für Zwangsphänomene, der Psychiater Ulrich Voderholzer.

Dass Kreativität, falsch verdrahtet, der Schlüssel sein könne, hält Voderholzer »zwar für spekulativ, aber nicht ausgeschlossen«. Ferndiagnosen seien schwierig. »Aber einen solchen kreativen Nonsens an selbstzerstörerischen Einfällen umzusetzen, das ist nur bei schwer gestörter Impulskontrolle vorstellbar.«

Die Operation dauerte fünf Stunden, verlief erfolgreich, alles ist raus, der Patient lebt. Singh sagt, er könne keine Messer mehr sehen.

Ein ganzer Kerl

Beringstraße, zwischen Alaska und Sibirien

Er war auf der Hälfte der Strecke, letzte Etappe, als er fürchtete, dass er es nicht schaffen würde. Das Meer war wie Eisbrei. Die Wellen prügelten auf ihn ein, als wäre er ihr ganz persönlicher Feind. Es war aber nur ein kleiner Mann, Philippe Croizon, ein Mann ohne Arme und Beine.

Der Schauplatz: die Beringstraße, zwischen Alaska und Sibirien. Wassertemperatur: vier Grad.

Croizon war 44 Jahre alt, hatte Jahre brutalsten Trainings hinter sich, an seinen Beinstümpfen waren Prothesen befestigt, daran die Flossen, eine Spezialanfertigung. Vor allem aber hatte er einen Joker: Er fürchtete den Tod nicht. Er kannte ihn.

Man begegnet Philippe Croizon, wenn man ihn kennenlernt, mit Befangenheit. Er und seine Freundin wohnen zweieinhalb Stunden südlich von Paris, in einem Bungalow, behindertengerecht, größtenteils finanziert von dem Geld, das die Versicherung damals zahlen musste. Sehr sauber, sehr ordentlich: Hier wohnen zwei, die ihr Leben organisieren müssen, damit es ihnen nicht entgleitet.

Croizon sitzt in einem Rollstuhl, festgegurtet. Er hebt den rechten Armstumpf zur Begrüßung. Es ist ein Händeschütteln ohne Hand: warm, weich, knochenlos. Croizon lächelt, als wollte er sagen: keine Angst. Er rollt an den Tisch. »Wovon soll ich erzählen? Von dem Mann, der ich jetzt bin? Oder von dem Mann, der ich vorher war?«

Am 5. März 1994, einem Samstag, leiht sich Philippe Croizon bei seinem Großvater eine Aluminiumleiter und macht sich daran, seine Fernsehantenne abzubauen. Croizon wohnt mit seiner damaligen Familie in einem grauen Haus in dem Dorf Saint-Rémy-sur-Creuse, seine Frau und er haben einen Sohn, Jeremy. Sie wollen umziehen. Die Antenne will Croizon mitnehmen.

Croizon ist damals 25, Vorarbeiter bei einem Autozulieferer. Ein eher schmaler Mann, 60 Kilogramm bei 1,76 Metern, er gilt als freundlich, umsichtig. An diesem Morgen jedoch begeht er einen Fehler.

Er hat sich am Kamin festgebunden und die Schrauben der Antennenhalterung gelöst, er hievt die Antenne aus der Verankerung, als er merkt, dass er sie nicht mehr halten kann. Sie ist zu schwer. Es ist eine dieser altmodischen Antennen, mit einer Querstange obenauf. Sie kippt nach hinten, Croizon lässt nicht los, die Antenne verfängt sich in der Starkstromleitung, die in einem Abstand von etwa eineinhalb Metern – viel zu nah, wie die Untersuchung später erweisen wird – am Haus vorüberführt. Jetzt jagen etwa 20 000 Volt von der Leitung durch die Antenne, durch Croizons Körper, in die Leiter. Croizon ist augenblicklich gelähmt. Die Hitze ist überwältigend, sein Fleisch fängt an zu schmoren. Die oberen Holme der Leiter schmelzen. Dreimal, werden Ärzte später sagen, bleibt Croizons Herz stehen, aber der Strom setzt es immer wieder in Gang.

»Ich sah mein Leben vorüberziehen, mein erstes Fahrrad, meinen Vater, der mich zum Fluss mitnimmt, meine Heirat, die Geburt meines Sohnes, alles im Zeitraffer. Ich weiß, das ist ein Klischee. Aber es ist wahr. Ich weiß es.«

Croizons Hände und Füße sind beinahe verkohlt. Die Operationen, erst in Tours, dann in Paris, dauern zusammen etwa 100 Stunden, Croizon erwacht aus der Narkose als Rest von sich, als Rumpf.

In den Tagen und Wochen danach, sagt er heute, habe sich sein Schicksal entschieden. Erst wollte er sterben, schließlich entschied er sich für das Leben. Aber er würde nicht jener sein, der er war. Also musste er ein anderer werden. Dann sah er, noch im Krankenhausbett, im Fernsehen eine Sendung über Ausdauerschwimmer. Und erkannte: Das ist mein neues Leben.

Das bin ich.

Ich werde durch Meere schwimmen.

Im Wasser ist sein Handicap mit entsprechenden Hilfen nahezu ausgeglichen. Mit eigens gefertigten Prothesen, mit langen Flossen etwa, ist er einem normalen Schwimmer sogar überlegen.

Vier Jahre dauert es, bis er so weit ist, dass er mit dem Schwimmen beginnen kann. Es folgen zehn Jahre Training. Die Suche nach Sponsoren. 400 000 Euro treibt er auf. Zwischendurch verlässt ihn seine Frau, er lernt Susanna kennen. Sie liebt und unterstützt ihn. Er schreibt ein Buch. Sie starten das Projekt. Jeden Tag legt er sich in seine Badewanne, nachdem er sie mit Eiswürfeln gefüllt hat. Philippe Croizons Programm reicht für mehrere Leben.

Am 18. September 2010 durchschwimmt er den Ärmelkanal. Dann die Passage zwischen Papua-Neuguinea und Indonesien. Die Meerenge zwischen Ägypten und Jordanien. Die Straße von Gibraltar. Schließlich die Beringstraße.

Es war die anstrengendste Etappe von allen, wegen der Brecher, der Kälte. Er hatte auf der Hälfte der Strecke das Gefühl, es nicht zu schaffen, erzählt er heute. Er könne nicht erklären, wie er es schaffte. Man muss annehmen, dass Philippe Croizon irgendwo in sich Reserven an Willenskraft fand, von denen er nichts geahnt habe, wie er sagt. Er sagt auch, es habe mit dem Tod zu tun.

Kalender-Mütter

Serradilla del Arroyo, Spanien

»Wir brauchen«, sprach Doña Rosa, »30 000 Euro.« Die anderen Frauen nickten, genau das hatten sie befürchtet.

Es waren sieben Frauen, sie saßen wie an jedem Freitag in dem Kämmerchen neben dem Klassenzimmer, saßen um einen alten Tisch, an der Wand zwei wacklige Bücherregale, dies war die sogenannte Bibliothek. Draußen wurde es Herbst, María del Mar schenkte Milchkaffee aus der Thermoskanne aus, Wichtiges galt es zu besprechen.

Mit 30 000 Euro, so Doña Rosa, könnten sie den Anbau finanzieren, hätten dann einen richtigen kleinen Saal, acht mal zehn Meter, mit einer Bühne und Scheinwerfern, für Theateraufführungen oder ein Flamenco-Konzert – »denkt daran, es ist für unsere Kinder«, sagte Doña Rosa, die anderen nickten.

Das Dorf Serradilla del Arroyo, 400 Einwohner, die allermeisten im Rentenalter, liegt auf dem spanischen Hochplateau, auf der Landkarte links von Madrid. Ein paar Häuser, eine Kirche, daneben die vielleicht winzigste Schule der Welt, die Tierra-Alba-Grundschule: ein Lehrer, sieben Schüler. Und deren sieben Mütter, Doña Rosa und ihre Freundinnen, im Durchschnitt 36,2 Jahre alt, sie bilden den Verein Tierra Alba, Ziel: bessere Bildungschancen.

Der Anbau. Oder wenigstens ein Computer. Oder wenigstens ein paar Bücher.

Der aktuelle Kassenstand, sprach an jenem Abend Doña Rosa, betrage leider null Komma null Euro, die anderen nickten, genau das hatten sie befürchtet.

Seit vier Jahren stellen die sieben Mütter Anträge bei der zuständigen Behörde in der Provinzhauptstadt Salamanca, all diese Anträge wurden abgelehnt; es lohnt sich einfach nicht, in diese Winzschule zu investieren, so sehen es die Behörden. Im Frühjahr veranstalteten Rosa und ihre Freundinnen Lotterien, sie buken »bollas« und »churros«, letztes Mal nahmen sie knapp 100 Euro ein.

»Vorschläge, bitte«, sagte Doña Rosa.

Doña María, die Hübscheste, meldete sich. »Wir sollten«, sagte sie, »wir sollten irgendwie, na ja, was Verrücktes tun.« Die anderen kicherten.

»Was meinst du?«, fragte Doña Rosa.

An jenem Abend gingen die Frauen nachdenklich heim. Es war spät geworden, Marías Vorschlag hatte eine hitzige Debatte ausgelöst, einige Frauen waren ganz und gar nicht überzeugt, erst recht nicht bereit, aber immerhin – es war eine Idee.

Es dauerte zwei Wochen, dann waren sie überzeugt.

Das erste Foto machten sie im Wald. Rosa knipste, sie hatte eine kleine Fuji-Digitalkamera; und die hübsche María lag auf einem Baumstamm, die Beine züchtig übereinandergeschlagen, die Brüste mit Kiefernzapfen bedeckt. Denn dies war die Idee der Frauen von Tierra Alba: zwölf Fotos, die die Schönheit von Serradilla und Umgebung zeigten und die Schönheit der örtlichen Frauen, nackt oder halb nackt, das alles in einen Kalender gepackt; und wenn man pro Kalender fünf Euro kriegen würde, drei davon als Gewinn, dann wäre, bei 100 000 verkauften Kalendern, der Anbau für die Schule geritzt.

Das Ausziehen ging jetzt ohne Zickerei vonstatten, Rosa hatte Überzeugungsarbeit geleistet. War denn nicht das berühmteste Aktmodell der Kunstgeschichte eine Spanierin gewesen, die Herzogin von Alba? Gemalt von Francisco de Goya? Und wem das nicht passte, na und? *A mujer bonita, todo el mundo la critica*, wie das Sprichwort sagt – als schöne Frau muss man ohnehin Kritik einstecken, also sei's drum!

Sie machten insgesamt 50 Fotos, in der Bäckerei (vor Broten und Torten), im Dorfmuseum (vor Forken und Pflugscharen), im Jagdzimmer von Anas Mann (Doña Itziar mit Jägerhut, Fuchspelz und Flinte). Und dann saßen sie zusammen und fragten sich: Sind die Bilder gut? Sind sie künstlerisch wertvoll? Sind wir schön?

In Serradilla gibt es eine Kneipe, die Kirche, einen lokalen Kräuterlikör; was es nicht gibt, ist zum Beispiel eine Galerie für Fotokunst oder ein Buchladen mit einer Auswahl exquisiter Bildbände. Die Ehemänner der sieben Frauen sind Maurer, Bäcker, Kranführer, aber keine Kunstkenner, und der Pfarrer, obschon Akademiker, ist schon vom Berufsbild her kein Experte für erotische Fotografie.

Waren die Bilder also gut oder peinlich? Doña Rosa und die anderen wussten es nicht. Hätte es jemanden gegeben, den sie hätten fragen können, dann hätten sie möglicherweise erfahren, dass die Bilder ungelenk und unkomponiert waren und dass Schönheit einen Regisseur braucht, Lichtführung, und dass hinter einem erotischen Foto eine Geschichte stecken muss, eine Verführung.

So aber ließen Rosa und ihre Freundinnen 200 Kalender drucken, verschickten sie an Buchläden, Kioske in ganz Spanien, auf Kommissionsbasis, also auf eigenes Risiko. Und als die ersten 200 verschickt waren, orderten sie 2000 weitere nach. Das war Anfang Januar.

Sie ahnten ihren Fehler, als von den ersten 200 Kalendern fast alle zurückkamen, 7 gingen verloren, 193 Stück wurden zurückgeschickt – unverkäuflich. Sie erkannten ihren Fehler, als im März dann weitere 2000 Kalender geliefert wurden, druckfrisch, und es war klar, dass kein Mensch auf diesem Planeten diese Kalender haben wollte.

Das Leben geht weiter, nur eben jetzt mit Schulden. Insgesamt sind es 10 440 Euro für Druckkosten und Versand, und Doña Rosa und die anderen treffen sich immer noch jeden Freitag in dem Kämmerchen neben dem Klassenzimmer, und neulich erst eröffnete Doña Rosa die Sitzung mit den Worten: »Okay, neue Situation: Wir brauchen 40 000 Euro.«

Jyoti, weiblich, 62,8 Zentimeter

Nagpur, Indien

Das Haus, in dem sie schläft, Jyoti Amge, die Frau mit dem seltsamsten Schicksal der Welt, dieses Haus liegt in der Kalkutta Road, in einem der Armenviertel von Nagpur, mittendrin in Indien. Das Haus ist umgeben von einer weißen Mauer, nicht sehr hoch. Dahinter ein enger Innenhof. Rechts im Hof befindet sich ein ummauertes Loch im Boden, die

Außentoilette, zum Hinhocken. Die Tür zum Haus ist abgeschlossen, die Vorhänge sind zugezogen.

Ihr Vater und Manager kommt aus dem Seiteneingang.

Er ist barfuß, im Unterhemd, er tritt vors Haus, Kishen Narayen Amge, oder Mister Amge, wie er sich nennen lässt, rundes Gesicht, runder Bauch, die Füße sind breit und groß, mit rissigen Fersen. Er zündet sich eine Bristol-Zigarette an, blinzelt in die Sonne, kratzt sich am Bauch. Zwei Jungs laufen vorbei, die Haare stehen ihnen starr ab vom Staub. Sie haben einen Plastikfußball, den sie auftitschen lassen. Als sie Mister Amge sehen, grüßen sie ehrerbietig. Amge nickt ihnen grimmig zu.

»Die Nachbarn – erst hatten alle Angst vor meiner Tochter, vor dem bösen Blick. Sie hielten sie für einen Dämon.«

Und heute?

»Manche fürchten sie noch immer, aber die meisten sehen in ihr eine Göttin, sie kommen, verneigen sich vor ihr, wollen ihre Füße berühren, ihr *dharma*, ihren Segen. Aber sie ist keine Göttin.«

»Was ist sie denn, Mister Amge?«

Er schnippt die Zigarette auf die Straße.

»Kommen Sie«, sagt er.

Das Zimmer, in dem Jyoti Amge schläft, ist eigentlich der schönste Raum im Haus, mit Sofa, Fernseher, Computer.

Gleichzeitig ist es Jyotis Schlafzimmer, und sie hat sich in letzter Zeit angewöhnt, morgens lange auszuschlafen, also bleiben die Vorhänge jetzt zugezogen, und alle flüstern und schleichen auf Zehenspitzen durchs Haus und geben sich Mühe, den Teekessel leise abzustellen.

Das Bett, in dem Jyoti Amge schläft, steht auf kleinen, gedrechselten Füßen, es misst 40 mal 80 Zentimeter, kaum größer als ein Teetablett, aber sie kann sich bequem ausstrecken – Jyoti Amge, 18 Jahre alt, 62,8 Zentimeter groß, kleinste Frau der Welt.

»Ich weck sie jetzt«, sagt ihr Vater.

62,8 Zentimeter: ein Urteilsspruch. Die Ratten, die an den Ufersäumen des Nag-Kanals in ausgedehnten Kolonien leben, sind für Jyoti so groß wie Ferkel, und die Kühe, die heilig und unbehelligt durch die Straßen trotten, ragen vor ihr auf wie Lastwagen – nur dass die Lastwagen scharfe Hufe haben und hintrampeln und -scheißen, wie es ihnen passt. Ein Plastikball, von einem Nachbarjungen mit Schwung geschossen, könnte Jyoti zerschmettern. Ihre Knochen heilen langsam. Vor sechs Jahren hatte sie einen Beinbruch, die Beinschiene, die Dr. Jhunjhunwala ihr anlegte, muss sie heute noch tragen.

Sie ist in eine Welt gesetzt, die nicht für sie gemacht ist. Es ist ein Leben wie unter einem Verhängnis. Sicherlich kann man eine Behinderung meistern, kann »damit leben«, wie es oft heißt; aber Jyoti Amge hat mehr geleistet als das. Sie musste sich neu erfinden. Sie wird jetzt zu einem Wesen, das es so noch nie gab.

Ihr Vater hat sie geweckt, sehr behutsam. Sie sitzt auf dem Bett, gähnt, die Decke um ihre schmalen Schultern gelegt.

Der Vater holt ein Fotoalbum aus dem Regal, Jyotis Leben von Geburt an.

Die ersten Fotos zeigen ein erschrockenes Kind, voller Angst vor seiner Andersartigkeit. Da ist das Klassenzimmer, ein karger Raum. Sie ist etwa zehn oder zwölf Jahre alt. Die anderen Mädchen sitzen in den Bänken, für Jyoti haben sie ein winziges Pult in den Mittelgang gestellt. Dann aber, Jahr für Jahr, hat sie mehr Freundinnen, sieht man sie frecher, selbstbewusster in die Kamera lächeln.

Schließlich, dritter Teil: Sie wird zum Star.

Inzwischen nimmt sie Songs auf mit einem der berühmtesten indischen Popstars, sie zeigt sich mit Politikern, und sie tourt um die Welt. Im Frühjahr nach Rom, Mailand, Mumbai, Tokio, wo Fernsehsender sie einladen, sie hat jetzt schon mehr von der Welt gesehen als irgendein anderes Mädchen aus ihrer Klasse. Sie spricht an Schulen, besucht Universitäten. Die Leute wollen sie bestaunen, berühren, mit einer Mischung aus Verzücktheit und Grusel. Jyoti Amge, die Mutantin, der Freak der Herzen.

Sie hustet. Hält sich wohlerzogen die Hand vor den Mund. Ihre Finger sind sehr kurz, aber kräftig, die Haut runzlig.

»Jyoti, wir müssen am Nachmittag noch zum Arzt«, sagt ihr Vater. Und dass er schon in der Praxis angerufen habe.

»Ich will aber nicht.«

Als hätte sie Helium geatmet, so klingt ihre Stimme, fiepend, man denkt unwillkürlich an ein Tierchen aus einem Zeichentrickfilm. Ihre Stimmbänder müssen sehr kurz sein.

»Ich will dort nicht hin.«

Ihre Mutter kommt hinzu, stämmig, energisch, mit schweren Ohrringen, in einem golddurchwirkten Sari, Schatten unter den Augen. Die ersten Jahre nach Jyotis Geburt waren nicht leicht für die Eltern, sie hatten vier Kinder, drei Mädchen, einen Jungen, alles war normal, und dann kam plötzlich dieses seltsame Kind auf die Welt, eineinhalb Kilogramm schwer. Sie waren abergläubischen Vermutungen ausgesetzt. Wo kam dieses Kind oder Wesen her?

Schließlich gibt Jyoti nach. Sie seufzt, bückt sich nach ihren weißen Schuhen, Schuhgröße 21. Der Vater schlurft hinaus und ruft die Schwester.

Ihre Morgentoilette kann Jyoti Amge nicht allein bewältigen. Zwar geht sie allein aufs Klo, aber am Waschbecken im Hof muss Rupali, ihre drei Jahre ältere Schwester, ihr helfen, sie muss sie hochheben, halten. Jyoti wäscht sich Gesicht, Arme, Hände. Die Proportionen der Glieder zum Rumpf sind beinahe normal, ihr Gesicht ist von einer puppenhaften, zerknautschten Anmut.

Sie kämmt sich vor dem fleckigen Spiegel das Haar, flicht sich Bänder hinein. Greift dann zu der grünen Zahnbürste. Ihre Zähne sind zu groß für den schmalen Kiefer, als hätten sie von der Wachstumsverweigerung, die im Embryonalstadium den Organismus überkam, nichts mitbekommen. Ihre Zähne wuchsen, während ihr Körper stehen blieb, sie wuchsen krumm, quer und schoben sich übereinander, vor allem auf der linken Seite. Wenn sie lächelt, lächelt sie schief.

Sie setzt sich an ihr Frühstück. An jedem Finger blitzt ein Ring. Dazu glitzernde Armreifen, dazu ein *Bindi*, ein aufgeklebtes Schönheitsmal, auf der Stirn.

Es war mal wieder tief in der Nacht, erzählt sie, als sie den Rechner ausschaltete – ihr Vater hat ihr für den Computer einen Barhocker mit einer Lehne besorgt, dazu eine kleine Trittleiter. Wenn die anderen schlafen, kostet sie die Stille der

Nacht aus, klettert auf ihr Stühlchen, telefoniert wispernd, chattet mit Freunden in Rom oder Tokio, lernt englische Wörter – es ist ein zweites Leben, in dem sie ihre Berühmtheit vermehrt, verwaltet. Seit ihre Winzigkeit offiziell ist, habe die Zahl der Angebote für Auftritte sich verdreifacht, erzählt ihr Vater.

Am 16. Dezember 2011 nahmen am Wockhardt Hospital in Nagpur der Orthopäde Dr. Manoj Pahukar und der von weit angereiste Guinness-Lizenzenchef Rob Molloy an Jyoti drei Messungen vor. Dann verkündeten sie vor Kameras eine Zahl. Es war Jyotis 18. Geburtstag, und diese 62,8 Zentimeter waren ihr Geschenk: In der Liga der Erwachsenen löste Jyoti die US-Amerikanerin Bridgette Jordan ab, abgeschlagen mit 69 Zentimetern. Jyoti ging als etwa 40 000. Rekord in die Guinness-Datenbank ein, dieses Füllhorn der schrägen Taten und Typen.

Die Guinness-Offiziellen unterscheiden Rekorde von Rekorden. Sie haben ihre abgestuften A-, B-, C- und D-Kategorien, und wenn es sich eher um Albernheiten handelt, muss man die Anreise der Guinness-Offiziellen aus eigener Tasche bezahlen. Das schreckt jedoch keinen Aspiranten ab – alle wollen ins Buch, sie streben nach Ruhm und Ewigkeit, die Pfahlsitzer, Dauerduscher und jene, die sich ihre Fingernägel sechs Meter lang wachsen lassen.

Jyoti Amges Kleinheit war spektakulär genug, um die Guinness-Offiziellen auf eigene Kosten nach Indien zu locken, Jyoti sollte unbedingt ins nächste Buch. Das Foto dieses Tages ging um die Welt, für Jyoti war die Ruhmmaschine angeworfen.

Sie frühstückt jetzt in der Küche: einen Teelöffel süßen Käse mit etwas Zucker, zwei oder drei Cashewnüsse. Das Dal Ka Pani, das Linsenwasser, und die Panipuri, Brötchen mit Chilisauce, lässt sie stehen. Trinkt Tee aus einem normal großen Becher, für sie wie ein Maßkrug.

Dann hört man den Vater hupen. Er hat den Wagen vorgefahren, einen neuen, roten Tata Indica GLS. Gekauft mit dem Geld, das er mit Jyotis Auftritten verdient hat.

Wer zu Dr. Jhunjhunwala kommt, der sollte Geduld mitbringen. Er hat seine Praxis im Erdgeschoss eines Ärztehauses an der Gandhibagh Road, in der Innenstadt von Nagpur. An der Eingangstür ein wilder Haufen von Halbschuhen, Sandalen, Gummilatschen, daneben ein hagerer Alter, der Chappal-Guard-Valla, der aufpasst, dass die Straßenkinder die Schuhe nicht klauen. Das Wartezimmer ist überfüllt, Dr. Jhunjhunwala sei kurz weg, sagen die Arzthelferinnen, die am Empfang hinter einem kleinen Blechschreibtisch sitzen. Jyoti will umkehren, aber ihre Eltern setzen sich durch.

Die Luft ist stickig, säuerlich, die Leute sitzen zusammengesackt auf den Sofas, Plastikstühlen. Jene, die nicht ständig husten, sind eingeschlafen. Auch Jyotis Mutter schnarcht bald, mit offenem Mund, auch ihrer Schwester, auf deren Knie Jyoti sitzt, fallen die Augen zu. Die anderen Patienten schauen neugierig herüber, halten sich aber zurück. Jyoti hält sich den Zipfel ihres Pallu, ihres Tuches, vor den Mund. Ihr Vater steht draußen, redet mit dem Schuhwächter und raucht.

Früher hat er Bidis geraucht, jene harzigen Zigaretten, die man hier in Nagpur noch lose und einzeln kaufen kann, Tabak, eingerollt in ein Ebenholz-Blatt. Aber die Bristols sind vornehmer, sind aufstrebende Mittelklasse. Auch den Tata Indica fährt er noch nicht lange; den neuen Wohlstand verdanken sie Jyotis Berühmtheit. Ihre Reisen nach Italien oder Japan, ihre Fernsehauftritte bringen mehr Geld als der Vater je verdient hat – mal bleiben 1000 Dollar, mal 2000 Dollar übrig. Jyotis Vater hat mit einer kleinen Ziegelbrennerei begonnen, zuletzt hatte er eine Spedition, die aber pleiteging. Jyotis Karriere bewahrte die Familie vor der Armut.

Abstürze, Aufstiege, die indische Gesellschaft boomt und ist schneller geworden. Familie Amge lebt in einem Schwellenland, sie spüren den Ehrgeiz, die Gier, die die Gesellschaft umkrempelt. Indien, einst das Land der Gurus, augenrollenden Mystiker und billigen Drogen, ist inzwischen drittgrößte Wirtschaftsmacht in Asien, es gibt Callcenter, Software-Labors und blitzende Restaurants. Die Globalisierung legt Schranken nieder, erschafft neue Phänotypen. Für Jyoti Amge liegt darin die Chance ihres Lebens.

Jetzt wird sie zum Wiegen gerufen. Sie rutscht vom Knie ihrer Schwester, trippelt steifhüftig zu einer Digitalwaage, dem offenbar modernsten Ding in der Praxis, prominent aufgestellt, direkt im Wartezimmer. Jyoti zankt sich mit der Arzthelferin, weil sie Schuhe und Tuch unter den Augen aller nicht ablegen will. Die Arzthelferin zuckt schließlich die Achseln, Jyoti klettert auf die Waage: Die Ziffern glühen rot auf, 6,33 Kilo. Jyoti steigt von der Waage, macht ein paar Schritte durchs Wartezimmer, um die Beine zu vertreten.

Das ist ein Fehler.

Die Kinder, vor allem die Mütter, die bis eben nur herüberschielten, rücken näher, grienen, stellen Fragen, Jyoti antwortet ausweichend, ihr ist unwohl in dem Gedränge, und sie späht nach ihrer Schwester, aber schnell ist sie umringt, man betastet sie, lacht, streicht ihr übers Haar, zieht an ihrem Zopf.

»Bitte nicht anfassen«, sagt Jyoti. »Bitte nicht anfassen!«

Jyoti windet sich, diese großen, grapschenden Hände, die lauten Stimmen.

»Nicht anfassen!«

Und da, plötzlich, schreit sie, Panik in ihrer Zeichentrickfilmstimme, und ihre Mutter schreckt hoch, ihre Schwester rappelt sich auf, sie retten Jyoti aus dem Gewühl, wütender Wortwechsel, die Arzthelferin hastet dazu, um zu schlichten, und verfrachtet Jyoti und Familie schließlich ins erstbeste Behandlungszimmer, Tür zu. An Jyotis Stirn pulsiert eine Ader. Und irgendwann, endlich, ist dann auch der Arzt da.

Mit Situationen wie dieser hat Jyoti oft zu kämpfen. Sie hasst diese Distanzlosigkeit, die ein Merkmal der indischen Kultur ist, diese Bereitschaft zur Tuchfühlung, die jederzeit ins Ekstatische umschlagen kann. Zweimal hat sie Frauen, die zudringlich wurden, geohrfeigt, ist zischend und fauchend auf sie losgegangen, einmal auf einem Markt in Nagpur, einmal in einer Mall in Mumbai. Die Ohrfeige war ganz schön heftig, daran erinnert sich ihre Schwester. Die Frauen seien verdutzt gewesen, und Jyotis Händchen habe auf der Wange der erwachsenen Frau rote Striemen hinterlassen.

Das Publikum kann eben ein *gaandu* sein, sagt der Vater, ein Monster. Andererseits braucht Jyoti dieses Monster. Ihr Leben ist aufgebaut auf Zustimmung, auf dem Bestauntwerden.

Die Untersuchung wegen ihres Hustens geht schnell vonstatten. Dr. Jhunjhunwala ist ein junger Mann, der die Praxis seines Vaters weiterführt. Er hält Jyoti zur Begrüßung einen dicken Finger hin, dann horcht er sie ab, verschreibt ihr ein leichtes Hustenmittel, das war's.

Sein Vater nahm sich vor 18 Jahren viel Zeit, um das Unbegreifliche zu verstehen. Er war der erste Arzt, der dem Schrecken einen Namen gab: Achondroplasie. Er hatte den Begriff in einem Fachbuch nachgeschlagen und erzählte den verstörten Eltern Dinge, die sie nicht verstanden. Gene, Mutationen, Vererbung, man könne nichts machen. Nur eine Sache vielleicht.

Sie könnten ihre Tochter lieben. Denn sie sei etwas Besonderes.

Die Eltern Amge nahmen ihr Kind heim, sie hielten eine *puja* ab, eine Zeremonie, um ein paar Gottheiten günstig zu stimmen. Das Mantra, der gesungene Segensspruch, den sie dazu auswählten, handelt von Licht, und so nannten sie ihre Tochter auch: Jyoti, die Fackel. Von da an nahmen sie es hin. Jyoti war eben so, wie sie war.

Aber warum war sie so?

Ein paar Tausend Flugmeilen von Nagpur entfernt, im Osten Deutschlands, im ersten Stock in Haus 20 a an der Medizinischen Fakultät der Universität Leipzig, sitzen zwei freundliche Herren. Zwei Herren, die sich sehr für Jyoti interessieren und sie gern mal untersuchen würden. Seit acht Jahren erforschen die Professoren Roland Pfäffle und Wieland Kiess in einer Kooperation zwischen den Unis in Leipzig und Chicago Formen von Kleinwuchs. Besonders die Rezeptoren der Wachstumsfaktoren IGF1 und IGF2 interessieren sie. Sie tauchen tief ein in die Welt des mutierten Erbguts, sie denken und sehen die Welt im Nanometerbereich. Und sagen überraschende Dinge.

»Nicht die Mutation an sich ist verblüffend«, sagt Pfäffle.

»Sondern die Tatsache, dass so viel unfallfrei abläuft«, sagt sein Kollege.

»Wenn man bedenkt«, sagt Pfäffle, »wie komplex dieser Prozess ist.«

Der Prozess begann, als eine Samenzelle des Kishen Rao Amge, Jyotis Vater, mutierte. Diese Samenzelle traf irgendwann im März 1993 auf eine Eizelle seiner Frau. Die Informationen von Vater und Mutter wurden neu kombiniert und von nun an, ein Leben lang, an jede Zelle des neuen Organismus weitergegeben. Im Fall von Jyoti Amge, meinen die Leipziger Forscher, spricht vieles dafür, dass die Erbinformation des Vaters in einem einzigen Buchstaben falsch abgelesen war – ein Buchstabe von etwa drei Milliarden, man nennt das eine Punktmutation. Ein beinahe unmerklicher Austausch: als ob man in einem sehr, sehr dicken Buch einen einzigen Buchstaben vertauschen würde – und die Geschichte nähme eine ganz andere Wendung. Plötzlich wird man als Jyoti Amge geboren.

Aber warum? Wieso kann so was passieren? Warum vermeidet die Natur solche Lesefehler nicht?

»Weil Mutationen wichtig sind«, sagt Pfäffle. »Wir alle sind Mutanten, jeder scheinbar normale Mensch geht durchs Leben mit Hunderten von Abweichungen, von denen er nichts merkt, weil sie ausgeschaltet sind.«

»Die Natur ist alles andere als pedantisch, sie spielt, probiert Abweichungen aus«, sagt der Forscher in Leipzig, während in Nagpur, Indien, Jyoti Amge, als Abweichung geboren, um ein möglichst normales Leben kämpft.

Aber dieses Leben kriegt sie nur, wenn sie an die Spitze gelangt.

Der nächste Tag, ein Sonntag, in Nagpur wird der »Tag des Kindes« gefeiert. In der Maharana Pratap Hall in der Innenstadt von Nagpur wird am Nachmittag eine Art Messe eröffnet. NGOs und Firmen, Schulen und Stiftungen stellen ihre Projekte vor, Broschüren liegen auf Klapptischen, Hilfe für Straßenkinder, sauberes Trinkwasser, Solarenergie, Lehrerausbildung – Projekte für ein besseres Indien. Und Jyoti ist auch schon da.

Sie hält die Rede, sie ist die Schirmherrin. Es ist ihr nächster Karriereschritt.

Begonnen hat es vor etwa einem Jahr. Damals wurde Jyoti erstmals von einem Politiker angesprochen. Der Mann hieß Ram Kadam, Abgeordneter in Mumbai. Überraschend kam Kadam eines Tages zu ihnen, saß eine Weile im Wohnzimmer, trank höflich Tee, drehte an seinen goldenen Ringen, schließlich fragte er, ob Jyoti sich vorstellen könne, für ihn Wahlwerbung zu machen? Sich mit ihm zu zeigen? Gegen gutes Geld?

Bald sprach sich herum, wie publikumswirksam die Auftritte der kleinen Frau als Polit-Maskottchen waren, und immer mehr Politiker riefen an, boten Geld, wollten sie am liebsten exklusiv. Oder baten, wenigstens nicht für diese oder jene Partei Werbung zu machen. Jyoti musste sich jetzt mit den Parteien beschäftigen, schon um sie unterscheiden zu können. Bald begriff sie, dass Politik eine Art Spiel war, dass man bluffen, schlau sein musste, wie beim Teen Patti, beim indischen Poker, und sie begriff, dass es um Macht ging.

Und wenn sie so gut darin war, für Politiker zu werben, warum nicht für sich selbst werben?

Warum nicht in die Politik gehen?

Ihr Vater trägt sie von Stand zu Stand, gefolgt von einem Tross von Fotografen, Reportern, Organisatoren. An jedem Tapetentisch betrachtet Jyoti artig die Schaubilder, macht Small Talk, wie sie es bei den Politikern abgeschaut hat.

Aha, dieser Wasserfilter könnte in kleinen Dörfern eingesetzt werden, wie interessant.

Aha, dieser Wirkstoff dient zur Vorsorge gegen Tollwut, das ist natürlich gut.

Aha, diese Bilder haben die Kinder selbst gemalt, wie wunderwunderschön.

Dann in den Saal. Es gibt eine Bühne, sie bekommt ein Mikro, und dann hält sie vor ein paar Hundert Menschen eine kleine Rede, die sie selbst vorbereitet hat: dass es sie freue, hier zu sein, und wie wichtig solch ein Tag für Indien sei. Aber das Publikum ist hingerissen.

Dann verziehen sich ein paar von den Journalisten, Organisatoren und Fotografen nach draußen, um im Freien eine Zigarette zu rauchen. Sie unterhalten sich, das Gespräch kreist um Jyoti. Ob sie Chancen hätte in der Politik.

»Die Rede war nicht schlecht«, sagt einer mit einem gepflegten Schnurrbart. »Und die Leute mögen sie.«

»Das stimmt«, sagt ein anderer, der polierte Cowboystiefel trägt, außerdem entstamme sie einer Kaste der Niedriggestellten, das könnte ein Vorteil sein, sie steht für die Unterdrückten.

Jyotis Generation ist in ein System geboren, das sich in Auflösung befindet, ein Kastensystem, das zuvor seit Jahrhunderten existierte, mit vier Hauptkasten und Tausenden von Unterkasten. Und vor allem mit ewigen Regelkatalogen – warum dieser Mann weniger wert sei als jener, warum dieses Mädchen nicht aus dem Dorfbrunnen trinken dürfe, weil sie nämlich unrein sei.

Auch die Familie Amge gehört zu einer der unteren Kasten. Das bedeutete über Generationen hinweg Demütigungen und Nachteile. Plötzlich aber liegt darin eine Chance für Jyoti. Wollte sie in die Politik gehen, hier wären ihre potenziellen Wähler. Es gibt in Indien etwa 200 Millionen Dalits, Benachteiligte aus den unteren Kasten. Und sie haben inzwischen gesehen, wie es der Mittelschicht ergeht, sie sehen im Fernsehen, wie die Reichen leben, sie wollen ihren Anteil.

Ihre Winzigkeit gereicht Jyoti möglicherweise sogar zum Vorteil, dank der indischen Kultur, die noch greller und exotischer ist, als man es vermutet, mit ihren 22 000 Dialekten, 330 Millionen Göttern und 300 Arten, Kartoffeln zuzubereiten. In Indien gehört das Unglaubliche zur Grundausstattung; je schräger jemand ist, desto besser. Und Jyoti Amge steht für die, die zu kurz gekommen sind.

Wer könnte das, schon durch ihre Existenz, besser ausdrücken?

»Jyoti, würden Sie, wenn Sie einen Wunsch hätten, am liebsten normal sein?«

»Früher war das ein Gedanke – warum bin ich nicht so wie die anderen? Man will dazugehören. Aber inzwischen will ich vor allem ich selbst sein.«

Der Auftritt beim »Tag des Kindes«, ihre Rede dort, war eine erste Fingerübung im politischen Geschäft, um ihre Bekanntheit auszubauen. Es war ein Erfolg. Trotzdem ist sie erschöpft und froh, wieder im Auto zu sitzen, nach Hause zu fahren. Es dunkelt. Vorbei am Kanal, wo es Stände mit Gur gibt, billigem Schnaps, wo Straßenkinder an den Kreuzungen bettelnd ihre verstümmelten Hände ans Autofenster halten oder Kränze mit Ringelblumen verkaufen. Jyotis Vater, am Steuer, blickt durch sie hindurch.

Dort hinten liegt der Slum, eine Hüttenstadt im Schlamm. Jeden Tag kommen stinkende Lastwagen und laden Tonnen von Müll ab. Die Frauen und Kinder dort durchwühlen den Abfall mit Stäben, an die sie Magnete gebunden haben, auf der Suche nach Metallstückchen.

Jyoti sitzt auf dem Schoß ihrer Schwester, der die Augen zufallen. Jyoti schaut aus dem Fenster, sieht die Welt, in die sie geboren ist, eine grobe, schmutzige und ziemlich mitleidlose Welt, und so viel größer als sie.

Der Walkampf

Dierhagen bei Stralsund, Deutschland

Der Wal, ein sehr junges Tier, lag am Strand bei Dierhagen, nicht weit von Stralsund, an der Ostseeküste. Er lag, wahrscheinlich todgeweiht, zwischen Muschelsplitt, Tang, Schaum, Plastikmüll, das Tier lag auf der Seite, hilflos, ein dunkles Wesen, die empfindliche Haut glänzend wie bei einer Aubergine. Die Ausläufer der Brandung umspülten ihn, hoben ihn manchmal an, zogen ihn ein Stück weit ins Meer, schoben ihn bei der nächsten Welle zurück. Das Herz schlug zu schnell, der Atem ging ruckhaft, Körperlänge 86 Zentimeter, Gewicht etwa zehn Kilogramm. All das würde eine Tierärztin bald feststellen. Das Tier blickte mit einem Auge in den grauschwarzen Himmel, aus dem es regnete.

So fanden es die Touristen.

Irgendwo da draußen war wahrscheinlich das Muttertier, lockte ihr Junges mit Klick-, Schnalz-, Trillerlauten, ihrer klanglichen Signatur. Schweinswale haben ein fantastisches Gehör, sie orientieren sich und orten einander im Meer über weite Entfernungen. Doch starker Wind und Wellengang erzeugen Störgeräusche, auch unter Wasser, vermutlich waren beide deshalb auseinandergerissen worden.

An diesem Morgen herrschte immer noch Windstärke sechs, der Wind jagte Schaumfetzen durch die Luft. Die Touristen, die das Tier entdeckt hatten, alarmierten die Feuerwehr, der Feuerwehrchef aber wusste nicht, was man genau macht mit so einem Viech. Er rief beim Meeresmuseum an, in Stralsund, und er ließ nicht locker, bis er endlich den Direktor am Telefon hatte, Harald Benke.

»Also! Ich brauch hier einen Experten, jemanden, der sich mit Walen auskennt, und zwar schnell.«

»Wo sind Sie?«, fragte Benke.

Entenwale, Belugas, Narwale, Buckelwale, Zwergwale. Nordkaper, Pottwale, Blauwale – Harald Benke, der als Kind *Flipper* guckte, später Meeresbiologe wurde, erforscht sie, promovierte über sie, liebt sie, ganz besonders hängt er an den Gewöhnlichen Schweinswalen, *Phocoena phocoena*, obwohl sie, laienhaft gesprochen, eher hässlich sind, vorn und hinten sind bei ihnen kaum zu unterscheiden, drall und wurstförmig.

Aber sie sind humorvoll, sagt Benke, haben einen ganz eigenen Stil.

Benke ist Direktor des Deutschen Meeresmuseums in Stralsund, vier Standorte gibt es, darunter ein großes Meeresaquarium, 15 000 Tiere haben sie, mehr als eine Million Besucher kommen im Jahr. Um die Besucher muss man kämpfen, immer was Neues bieten, sagt Benke. Kinder zum Beispiel, von 3-D-Kino und Playstation verwöhnt, kann man nicht vom Hocker hauen mit einer Landkarte mit Brutplätzen der Pfuhlschnepfe. Man muss sich was einfallen lassen, Besucher müssen geködert, umschmeichelt werden; am besten, man hat eine rührende Story.

Allein in seinem ersten Lebensjahr bescherte Knut, der Eisbär, dem Zoologischen Garten Berlin zusätzlich etwa 600 000 Besucher und einen Bilanzgewinn von etwa sieben Millionen Euro, dazu Umsatzerlöse aus Merchandising und Lizenzen; Knut war wahrscheinlich der Traum eines jeden Zoodirektors. Aber auch dieser kleine Wal und seine Rettung wären, publicitymäßig gedacht, nicht zu verachten gewesen.

Benke traf gegen Mittag am Strand ein, die Wellen waren bis zu zwei Meter hoch; aussichtslos, rausfahren zu wollen. Bei gestrandeten Walen drückt das Körpergewicht die Lungen zusammen, es ist eine der häufigsten Todesursachen. Sie brauchten eine Badewanne. Ein Bassin. Wie lange würde das Tier noch durchhalten? Es war ein Neugeborenes, sah

Benke, es brauchte die Muttermilch, und es schnappte nach Luft.

Eine Stunde? Eine halbe Stunde?

Ich könnte einen Schaufelbagger besorgen, sagte der Feuerwehrchef.

Wenig später war der Baggerfahrer da, er fuhr ein Stück ins Meer, senkte und füllte die Schaufel mit etwa 500 Liter Meerwasser, setzte vorsichtig zurück. Die Männer hievten den jungen Wal ins Wasser, fast augenblicklich entspannte sich der verkrampfte Körper.

Es war ein Weibchen. Sie nannten es Mimi.

Die Männer blieben lange beim Bagger, es war, als hielten sie Wache, wie eine Familie, Mimi, die kleine Wurst, und ihre Wahlverwandten.

Am nächsten Morgen, die See war ruhiger, der Wind hatte nachgelassen, fuhren Benke, eine Tierärztin, ein paar Helfer mit dem Schlauchboot aufs Meer, Mimi in feuchte Tücher gewickelt. Sie machten den Motor aus. Sie sprachen leise. Sie hoben Mimi vorsichtig ins Wasser. Hielten sie noch einen Moment fest, so erzählt es Benke.

Die Geschichte hatte sich inzwischen herumgesprochen in Stralsund, schon am Morgen hatte es mehrere Anfragen gegeben. Fernsehproduktionsfirmen wollten die Rettung filmen, Agenturen und Fotografen hatten angerufen – man hätte aus Mimis Rettung leicht eine große Story machen können. Aber dann, wusste Benke, hätten Journalisten und Fernsehteams ihn begleitet, mit Kameras, Lampen, Regieanweisungen, Mikrofonen; die Story über die Rettung hätte die Rettung gefährdet. Auch wenn sein Pressesprecher sich heimlich die Haare raufte: So war es Benke lieber.

Der Wind hatte nachgelassen. Das Boot schaukelte. Mimi lag im Wasser, sie hielten sie. Er habe sie ein letztes Mal berührt, erzählt Benke, dann ließen sie los.

Notrufe

Alicante, Spanien

Routine, sagt er, ohne die geht's nicht – Rauch, Schreie, Feuer, Explosionen, das alles, sagt er, übersteht man nur mit Routine.

Was er aber erlebte, als er in diesen Lüftungsschacht blickte, sagt er dann, das steckt man auch mit viel Routine nicht einfach so weg.

Es geschah in Alicante, 330 000 Einwohner, Touristen- und Weinstadt an der Costa Blanca, Spanien, und erlebt hat es ein Mann mit dem Namen José María Piña Manzano. Er ist *Sargento Jefe de Turno*, Schichtleiter, 26 Dienstjahre bei der Berufsfeuerwehr. Die Station liegt in der Innenstadt, Calle Italia, sie sind 170 Feuerwehrleute dort. Wir machen alles, sagt Manzano, ob ein Lagerhaus brennt oder ein Kätzchen in der Dachrinne sitzt.

Im Sommer dieses Jahres, in einer warmen Nacht von Samstag auf Sonntag, ging um fünf Minuten nach Mitternacht ein Notruf ein. Es hieß, ein Tier müsse befreit werden. Wahrscheinlich handle es sich um eine Katze, so hatten es Anwohner berichtet. Seit Stunden das Gemaunze, das Viech mache sie wahnsinnig. Adresse war ein Wohnhaus in der Calle de Benisa.

Nur ein Kätzchen, dachte Manzano, als sie aufbrachen.

Der Feuerwehrmann José María Piña Manzano ist 47 Jahre alt, ein ruhiger Typ, braunes Haar, braune Augen. Als junger Mann war er eine Sportbegabung, er ist immer noch sehr trainiert, und wenn er nicht arbeitet oder Mountainbike fährt, dann werkelt er an seinem 200 Jahre alten Haus herum, in einem Bergdorf unweit von Alicante. Vor sechs Jahren hat er es gekauft; er lebt dort allein.

Sie fuhren nach Virgen del Carmen, im Norden von Alicante, erreichten ihr Ziel um kurz vor halb eins, ein siebengeschossiges Haus.

Im Erdgeschoss endete ein schmaler Schacht, mit dem man die angrenzenden Bäder lüften kann. Irgendwo in diesem Schacht musste die Katze stecken. Sie horchten hinein. Nichts zu hören. Manzano leuchtete in den Schacht. Da war etwas, verpackt in einer Tüte oder Tasche. Er leuchtete den Gegenstand aus, plötzlich zuckte er zurück.

Er glaubte, einen Fuß gesehen zu haben. Er sah noch einmal hin, tatsächlich, fünf Zehen, winzig wie bei einer Puppe, aber es war keine Puppe. Es war der Fuß eines Säuglings.

Manzano führt ein erfülltes Leben. Da ist die Arbeit, da ist der Sport, er besucht oft seine Mutter, sie frittiert ihm Kroketten, er besucht seine Geschwister, es gibt Nichten, Neffen. Manzano selbst war mal verheiratet, die Ehe wurde vor sieben Jahren geschieden, er hat keine Kinder. Er wäre vielleicht kein übler Vater geworden, sagt er, aber man kann es nicht erzwingen.

Er griff in den Schacht und bekam das Bündel zu fassen. Zog es vorsichtig hervor. Eine Plastiktüte, darin lag ein neugeborenes Kind, die Nabelschnur hing an dem kleinen Körper, blut- und schleimverkrustet. Ein Arm stand in einem unnatürlichen Winkel ab. Der Säugling regte sich nicht.

Was sich in den schätzungsweise 40 Stunden zuvor abgespielt hatte, lässt sich nach Berichten der Polizei, nach Aussagen der Anwohner und Erkundigungen Manzanos zu einer schlüssigen Geschichte zusammensetzen. Im Laufe des Freitags hatte eine junge Frau, Bewohnerin dieses siebenstöckigen Hauses, ihr Kind allein zur Welt gebracht. Nach der Geburt beschloss sie, den Säugling auszusetzen. Sie steckte ihn in eine Tüte, mit dem Kopf voran. Sie riss jedoch, und dies ist der vielleicht berührendste Moment in diesem Drama, ein Loch in die Tüte, eine Atemöffnung, ein Lebensloch. Dann ließ sie das Kind in den Schacht fallen und verschwand.

Manzano, Feuerwehrmann, Schichtleiter, 26 Dienstjahre, hielt in dieser Nacht das Kind in den Armen, seine Kollegen sahen stumm zu, er legte dem Säugling vorsichtig einen Finger an den Mund, keine Reaktion zunächst, doch dann öffnete das Baby den Mund, es bewegte sich, röchelte. Ein Kollege rief eilig im Krankenhaus an. Das Kind war dehydriert, ein Arm war gebrochen.

Manzano und seine Leute durften einen Namen aussuchen, es war ein Junge, sie entschieden sich für Juan. Die Mutter wurde inzwischen festgenommen, sie wird angeklagt werden, wahrscheinlich wegen versuchten Mordes.

Die Gefühle, sagt Manzano, kamen, als sie wieder auf der Wache waren.

»Dann allerdings hat es mich umgehauen. Ich hielt es wie ein eigenes Kind, ich habe dem kleinen Burschen ein zweites Leben verschafft, ein Leben, das er schon verloren hatte.«

Juan lebt jetzt bei einer Pflegefamilie. Der Ort wird geheim gehalten. José María Piña Manzano malt sich manchmal aus, dass irgendwann noch einmal sein Telefon klingeln könnte. Dass man ihm eine Adresse nennt und sagt, er solle kommen. Er würde Juan gern wiedersehen.

Von Beruf Riese

Tizi Ouzou, Algerien

Wie immer standen Menschen um ihn herum, sie kicherten, zeigten mit dem Finger auf ihn, konnten sich nicht sattsehen. Er lächelte geduldig. Man durfte ihn auch fotografieren, für 200 Dinar, etwa zweieinhalb Euro. Er gähnte.

Die Sonne schien, er stand auf dem Marktplatz von Tizi Ouzou, auf seinem Arm saß ein Mädchen. Es war fünf oder sechs, es zappelte, das tat es oft, doch es war noch so klein, dass er das Gewicht nicht spürte. Aber am Abend würde sein Rücken wieder wehtun.

Er trug seinen einzigen Anzug, dunkelgrau, darunter sein helles Hemd, alles maßgeschneidert: Mounir Fourar, 30 Jahre alt. Von Beruf Riese.

Um die Mittagszeit, er wollte gerade in den Schatten schlurfen, kamen die beiden Männer.

»Salam aleikum«, sagten sie. Sie seien Journalisten und hießen Christian und Hocine, sie kämen aus Algier, arbeiteten für Agence France Press, die bedeutende französische Nachrichtenagentur, ob er die kenne? Außerdem für die Schweizer Zeitung *Le Temps*. Ob er ihnen ein Interview geben könne?

Mounir Fourar ließ sich alles wiederholen, alle sprachen immer so schnell, vielleicht weil sie klein waren. Und als er verstanden hatte, setzte er das Mädchen ab, behutsam, wie man ein noch nicht flügges Vögelchen auf den Boden setzt. Er sagte: »Sie müssen mir helfen.« Die beiden Reporter starrten ihn an.

»Die Welt«, fuhr der Riese fort, »muss erfahren, dass ich der größte Mensch bin. Ich will beim Film arbeiten, nach Paris reisen, den Eiffelturm sehen – es wäre sehr wichtig für mich.«

Es klang wie eine Bitte, es war ein Hilferuf. Holt mich raus aus meinem Leben.

Dieses Leben begann am 28. November 1972, an diesem Tag gebar Hourida Fourar ihrem Mann Saïd, Fabrik- und Transportarbeiter, in ihrem Haus in der Messaoud-Straße in Batna ihr drittes Kind. Sie nannten es Mounir. Das Kind war gesund, die Hebamme badete es, rieb es mit Salz ab und gratulierte dem Vater.

Mounir war sanft und freundlich. Er ging gern zur Schule, manchmal spielte er Fußball, häufig lag er auf seinem Bett und träumte. Zum Beispiel von Michel Platini, dem Regisseur der französischen Nationalelf, dem Zauberer von Turin; der kleine Junge träumte davon, wie Platini zu sein, der Größte.

Akromegalie ist eine Krankheit der Hirnanhangsdrüse. Neben Riesenwuchs können symptomatisch Müdigkeitsanfälle und Sehschwächen auftreten, der sogenannte Tunnelblick.

Mounir wuchs auf in der Kleinstadt Aïn Touta, die ersten zehn Jahre seines Lebens genoss er den Luxus der Normalität. Er war wie alle, er war glücklich. Dann ging es los.

Mit elf überragte er seinen Bruder, zwei Jahre älter als er. Mit zwölf überholte er seine Schwester, sieben Jahre älter. Mit 13 überragte er seinen Vater, und er wuchs weiter und weiter.

Oft war er müde, die Eltern nahmen ihn von der Schule, brachten ihn zum Arzt. Mounir wurde am Kopf operiert, um den Hormonausstoß der Drüse zu stoppen, vergebens. Er bekam 31 Bestrahlungen, seitdem wächst ihm kein Bart. Mounir, der Riese mit dem Kindergesicht, wuchs weiter, er litt unter Rückenschmerzen, unter Sehstörungen. Manchmal war die Welt ein dunkles Etwas, als würde er in einen Tunnel blicken: War das sein Schicksal?

Die Eltern verboten ihm das Fußballspielen, Mounir schloss sich oft in seinem Zimmer ein, lag auf dem Bett und wuchs. Mit 16 bückte er sich unter den Türen hindurch. Mit 17 fuhren sein Vater und er nach Khenchela, wo ein Schreiner, kopfschüttelnd, Mounirs Maße nahm und ein extrastabiles Riesenbett baute. Der Schreiner berechnete nichts für die Arbeit, er hatte Mitleid.

Mounir war etwa 20, als eine Messung im Hospital von Aïn Naadja 2,44 Meter ergab. Seine Anzuggröße liegt bei 160, die Schuhgröße bei 64, statt Socken trägt er Fußballstutzen. Er hält Diät, wegen seines Rückens darf er nicht dick werden, schon jetzt wiegt er 180 Kilo, dafür sind Bandscheiben nicht geschaffen.

So zieht Mounir Fourar, der Riese, über die Marktplätze Algeriens, verdient seinen Lebensunterhalt, indem die Leute über ihn staunen und lachen, weil sie sich sonst fürchten müssten. Nach Feierabend geht er ins Café, trinkt Tee, spielt Domino, die schwarzen Steine sind so klein und hübsch und akkurat, und am Ende passt alles zusammen. Mounir Fourar liebt dieses Spiel. Andererseits muss es mehr im Leben geben, erst recht für einen Riesen.

Das Guinness-Buch der Rekorde verzeichnet als größten Mann der Welt den Tunesier Radhouane Charbib, 2,36 Meter.

»Der ist acht Zentimeter kleiner«, erklärte Mounir Fourar den Reportern auf dem Marktplatz von Tizi Ouzou, »sein Titel gebührt mir.« Und er erzählte ihnen von seinen zwei großen Wünschen. Der eine: Geld verdienen, einen Minibus kaufen, zurück nach Aïn Touta gehen und die Kinder zum Kindergarten und zur Schule kutschieren. »Ich liebe Kinder«, sagte er, »und sie haben Respekt vor mir.«

Die Reporter versprachen, die Nachricht in der Welt zu verbreiten.

Und dann, beim Abschied, beugte Mounir Fourar sich hinab auf die Höhe von 1,70 Metern, zu dem Reporter Christian Lecomte aus Genf, und er vertraute ihm seinen zweiten Wunsch an: »In der Schweiz«, fragte er leise, »gibt es dort vielleicht große Frauen?« Und der Reporter blickte in das Kindergesicht des Riesen, ihm fiel keine Antwort ein.

E.T. und ich

Rugby, England

Anfang der 80er-Jahre ereigneten sich auf dem Planeten Erde einige merkwürdige Dinge. Ein gewisser Steven Spielberg feierte in Hollywood, Kalifornien, seinen triumphalen Durchbruch. Eine gewisse Drew Barrymore, ein niedliches Ding mit dicken Zöpfen, bewies, dass es lauter schreien konnte als alle Kinderstars zuvor. Und Mrs. und Mr. Marks aus Rugby, Mittelengland, trafen eine folgenschwere Entscheidung.

Sie gingen ins Kino.

Dieser Film, irgendwas mit Weltall und einem Außerirdischen, man musste ihn wohl gesehen haben. Ihre beiden Jungs – Darin war damals 16, Dale gerade 15 – redeten schon seit Tagen über nichts anderes. Aber wohin mit Sian?

Sie war erst sechs, ein niedliches Ding mit dicken Zöpfen. »Sian«, fragte Mr. Marks, »wenn wir dich mitnehmen ins Kino, versprichst du uns, dass du keine Angst bekommst?«

»Klar«, sagte Sian, »und was ist Kino?«

Mrs. Marks steckte eine Packung Walkers Oatflake Biscuits ein, als Trost für Sian, falls der Film gruselig würde. Und so saß Sian im Parkett des Kinos von Coventry, vergessen waren Eltern, Brüder, Haferkekse, denn von der ersten Sekunde an flog sie auf und davon, verschwand, magisch angezogen, in den Bildern.

Sian stand im Wald, unter riesigen Fichten, als E.T. auf der Erde landete, mit seinem Raumschiff, das gegen den nachtblauen Himmel leuchtete wie ein Halloween-Kürbis. Sie war dabei, als Elliott den auf der Erde vergessenen E.T. mit Smarties anlockte und sein Freund wurde. Sie zitterte, als E.T. starb, sie lachte, als er auferstand, sie weinte, als das Raumschiff kam, um ihn abzuholen.

»Warst tapfer, Sian«, sagte Mr. Marks, als sie das Kino verließen, »hast keine Angst gehabt?«

»Ich will ins Kino«, sagte Sian, »zurück zu E.T.«

Die Brüder lachten, die Eltern lächelten. Aber Sian meinte es ernst.

20 Jahre vergingen, *E.T.* brach alle kommerziellen Rekorde. 750 Millionen Dollar spielte der Film ein; auf 43 Millionen

bringt es allein die überarbeitete Anniversary Edition, die jetzt überall läuft als nostalgisches Revival.

Auch Sian brach Rekorde. Erst ließ sie sich von ihren Eltern unentwegt ins Kino führen; schließlich ertrotzte sie sich ihr erstes Video. 773-mal, schätzt sie, hat sie den Film seither gesehen. Im Schnitt einmal in neun Tagen. Macht 88 895 Minuten oder 1482 Stunden oder 62 Tage nonstop.

Kann man einen Film derart lieben? Oder ist Sian, die auf den ersten Blick handfest und sympathisch wirkt, vielleicht doch ein Fall für den Psychiater?

»Es gab Andeutungen«, sagt sie zögernd, »von Freunden, ob ich nicht ein bisschen übertreibe, ob ich nicht mal zum Psychologen oder so gehen sollte.« Aber wozu? Sian verstand nicht. Wo doch dieser Film schlichtweg wunderbar war; wo doch immer genau das Richtige geschah, so anders als im Leben.

Während Spielberg aufstieg zu einem der Götter Hollywoods, während Drew Barrymore abstieg in die Drogenhölle, blieb Sian in Rugby. Nach der Schule fand sie einen Job bei der Gefängnisverwaltung, heiratete George Thurkettle, der ihr Karatelehrer gewesen war. Er wusste, worauf er sich einließ. Er brachte eine Katze mit in die Ehe, sie einen Außerirdischen. Sie kauften ein Reihenhaus.

Campbell Road 2 a, roter Backstein, im Hinterhof ein Garten, keine Kinder. Dafür 300 E.T.-Figuren, Uhren, Bettwäsche, alles, was die Ramschindustrie auf den Markt wirft. »Aber wichtiger«, sagt Sian, »sind die Kassetten.« Davon gibt es sieben: Drei Videos sind abgenutzt, zwei im ständigen Gebrauch, zwei als Reserve. »Ich habe immer neue Lieblingsstellen entdeckt, die Geschichte ist sehr vielschichtig.«

Ein Männlein aus dem Weltall, versehentlich zurückgelassen, stolpert auf dem Planeten Erde umher; ein kleiner Junge, einsam und ohne Vater, sehnt sich nach einem Freund: *E.T.* erzählt die Geschichte dieser Freundschaft. Wie die beiden sich begegnen und begreifen, dass das Fremde nicht zwangsläufig böse sein muss. Die Kinder-Welt wird zum Utopia der Unschuld: Nur hier, wo das Gefühl entscheidet, findet E.T. Zuflucht vor den Erwachsenen, die ihn fürchten oder unter den Scanner der Wissenschaft zerren wollen.

Dank der Kinder gelingt E.T. sogar die Auferstehung vom Tod, eine kühne Anleihe Spielbergs bei der Bibel. Am Ende helfen die Kids ihrem hutzeligen Heiligen endlich nach Hause, doch das heißt: Abschied für immer.

Die Kraft der Bilder, die Macht der eingewobenen Mythen – Spielberg erzählt eine völlig neue, eine »gute«, humanistische Alien-Geschichte und lässt dabei die großen Themen anklingen: Freundschaft, Glaube, Verzicht. So kann man den Film, dieses alchimistische Meisterwerk der Rührung, aus allen biografischen Perspektiven sehen. Kinder bejubeln das Abenteuer, Großmütter fühlen sich wie in der Kirche, hartgesottene Kerle schniefen ob der verlorenen Kindheit. Weit mehr als 100 Millionen Menschen haben *E.T.* bis heute gesehen.

Aber von allen Fans der Welt ging nur Sian Thurkettle aus Rugby, Mittelengland, einen Schritt weiter. Einen unmerklichen, aber entscheidenden Schritt. In ihrem Leben zeigt Hollywood, diese Weltmacht des Gefühls, was es vermag.

»Vielleicht bin ich romantischer oder empfänglicher als andere.« Sian nahm das Wunder mit ins Leben, sie verfiel dem Film.

Die Dialoge sind ihr Mantra, sie hat gleichsam ihre eigene Sekte gegründet, in ihrem Backsteinreihenhaus in der Campbell Road 2 a, und sie brauchte weder Poona noch Scientologen, ein Videorecorder genügte.

Sian hat jetzt Spielberg einen Brief geschrieben, die Antwort steht noch aus. Kann sein, dass er stolz ist auf seinen Erfolg, vielleicht aber auch entsetzt.

Epilog oder, besser gesagt: eine Erinnerung

Also – wenn ich endlich und glücklich zu Hause war, zurückgekehrt von einer Recherchereise, den Notizblock voller (kostbarer!) Aufzeichnungen, krakelig, aber gerade noch lesbar, den Kopf voller Eindrücke, wenn ich dann endlich die Kinder geküsst, meine Frau in den Arm genommen, den Koffer halbwegs ausgepackt hatte, dann saß ich schließlich in unserer kleinen Küche, an unserem kleinen Küchentisch, vor mir eine Tasse Kaffee, und meine Frau fragte: Na, wie war's? Erzähl doch mal! Wie war es so?

Tja. Wie war es so? Gute Frage.

Ich musste mich meistens erst mal sortieren. Aber wenn ich dann tatsächlich etwas zu erzählen hatte, wenn ich dabei merkte, dass meine Frau mir zuhörte und nicht nur höflich war – dann wusste ich: Ja, mit Glück kann ich auch eine gute Geschichte schreiben.

Wovon ich ihr jedoch zuerst erzählte, gleichsam die wichtigsten Momente, das waren stets die Begegnungen. Das waren immer die Menschen.

Zum Beispiel?

Zum Beispiel weiß ich noch, dass ich sehr viel berichtete von Dr. Bensignor, jenem Arzt aus Paris, der einen kleinen Jungen aufgefangen hatte, als dieser im 7. Stock vom Balkon gefallen war. Monsieur Bensignor und ich sowie die *SPIEGEL*-Mitarbeiterin aus dem Paris-Büro, die dolmetschend mein wackeliges Französisch unterstützte, wir saßen zu dritt an jenem Abend noch lange in seiner Wohnung unweit der Porte de Vincennes und leerten eine Flasche Wein und redeten – ich traf einen Mann, der überüberglücklich war, weil er ein Leben gerettet hatte. Das war, nun ja, großartig.

Oder in Polen, der Besuch bei Aleksander Doba. Ein verrückter Kerl. Der, der im Kanu über den Atlantik gepaddelt war. Dieser Typ, der aussah wie ein kleiner Rübezahl, hatte das allen Ernstes und tatsächlich gemacht: im Kanu über den Atlantik! Wie kann man auf solch eine Idee kommen? Und dann auch noch die Idee umsetzen? Welche innere Kraft braucht man dazu (zusätzlich zum Bizeps)? Ich hätte noch drei Tage bleiben können, fand das alles irre und faszinierend zugleich, und also hatte ich auch etwas zu erzählen. Zunächst meiner Frau bei einer Tasse Kaffee, dann den Lesern des *SPIEGELs*.

Aber die vielleicht berührendste Begegnung hatte ich in Indien, ziemlich in der Mitte des Kontinents, in der Stadt Nagpur. Dorthin reisten mein Mitarbeiter und Dolmetscher Pushp Ranjan und ich, dort trafen wir die kleinste Frau der Welt, Jyoti Amge. Wir verbrachten einige Tage bei der Familie, schräge Tage, erschütternde Tage.

Ich sollte vorausschicken, dass ich ziemlich befangen war. Sogar reichlich gehemmt, wenn ich ehrlich bin. Ich musste erst mal mein Mitleid ablegen. Oder wenigstens meine Irritation in den Griff kriegen. Ich schätze, das ist eine Art europäische Verspanntheit. Pushp, der aus Delhi stammt, war da viel lockerer. Pushp zog einfach die Schuhe aus, setzte sich im Schneidersitz entspannt aufs Sofa, er nahm Jyoti Amge nach fünf Minuten kurzerhand auf den Schoß, sie fand das gut, er plauderte mit ihr, streichelte ihr Haar, während ich starr und steif danebensaß. Dies war doch eine junge Frau! Die kann man doch nicht einfach auf den Schoß nehmen! Dachte ich.

Aber ich merkte, ich wurde beobachtet, wurde beäugt von der ganzen Familie. Meine Zurückhaltung war nicht fein, sondern unhöflich. Also gab ich mir einen Ruck. Einen kräftigen Ruck.

Ja, ich musste mich überwinden, die kleine Jyoti auf den Arm zu nehmen, ich musste mir einen Ruck geben, sie zum

Beispiel aus dem Auto zu hieven, so als wäre sie ein Kleinkind, sie über die Straße zu tragen, wie man eine Puppe trägt. Aber es musste sein, übrigens schon wegen der indischen Straßen, die Jyoti allein nicht hätte überqueren können. Überall liefen Kühe herum. Sie hätten Jyoti zertrampelt.

In ihr freundlich-ernstes, aber seltsames und unverhältnismäßig großes Knittergesicht zu blicken, dazu ihre zirpende Stimme zu hören, die klang wie das Piepen einer Zeichentrick-Maus unter einem Glassturz – es mussten Tage vergehen, bis ich das Seltsame nicht mehr als seltsam empfand. Ich weiß, das klingt beinahe respektlos, was ich hier schreibe, die Assoziation mit der Trickfilm-Maus; aber ich meine es nicht respektlos. Diese Assoziation kam mir damals einfach, auch wenn ich mich dafür gleich schämte.

Wozu erzähle ich das? Nun, ich will nur anmerken, dass sich die Texte in diesem Buch zwar lesen (lesen sollen), als wäre der Reporter ganz locker und mühelos überall durchspaziert, als hätte der Reporter ganz unbefangen mit seinen Protagonisten gesprochen, weil er so ein cooler Typ ist; doch in Wahrheit verhält es sich nicht so. Gar nicht. Erst sind es immer *Menschen*, die man trifft; später erst, wenn man die Reportage aufschreibt, werden es »Protagonisten«. Später, wenn man die Story baut, braucht man ein gewisses Maß an Kühle, an Professionalität, anders geht es nicht, sonst gelingt der Text nicht. Aber zuerst sind es Menschen, Schicksale. Mit einem Quantum an Traurigkeit, an Schönheit, an Trost.

Ich glaube, die Begegnung mit Jyoti Amge hat mich am meisten berührt. Darum haben wir uns auch entschieden, das Foto von ihr und mir als eine Art Epilog-Bild zu drucken. Sie steht aufrecht, blickt eher ernst in die Kamera. Während ich möglichst lässig dreinschaue. Das war aber nur Fassade. In Wahrheit war ich die ganze Zeit sehr aufgewühlt.

Ich denke, ich habe etwas Wichtiges gelernt von Jyoti Amge; leider kann ich es nicht in Worte fassen. Aber das ist auch nicht so entscheidend. Die wichtigen Dinge, die ich über sie zu sagen habe, stehen in der Story. Sie handelt, wie viele andere hier in diesem Buch, von Mut und Heiterkeit, von Traurigkeit und Schönheit.

Edel Books
Ein Verlag der Edel Verlagsgruppe

© 2023 Edel Verlagsgruppe GmbH
Neumühlen 17, 22763 Hamburg
www.edel.com

Projektkoordination und Lektorat: Dr. Marten Brandt
Layout und Satz: Datagrafix GSP GmbH, Berlin | www.datagrafix.com
Umschlagentwurf: Claudia Spielmann
Umsetzung: Felix Schlüter, typeholics
Lithografie: Frische Grafik, Hamburg

Druck und Bindung: GGP Media GmbH, Pößneck

Alle Rechte vorbehalten. All rights reserved. Das Werk darf – auch teilweise – nur mit Genehmigung des Verlages wiedergegeben werden.

Printed in Germany

ISBN 978-3-8419-0862-9